Manque de temps ?
Envie de réussir ?
Besoin d'aide ?

La solutior

Le Compagn
www.erpi.c

Il contient des outils en ligne qui vous permettront
de tester ou d'approfondir vos connaissances.

✔ **Pour chaque chapitre, deux minitests interactifs qui
portent sur les contextes historique et littéraire et qui
vous permettent d'évaluer ce que vous avez retenu
de votre lecture.**

ENSEIGNANTS, vous avez accès aux outils suivants :

✔ Une série de questions sur le contexte historique, avec corrigé ;
✔ Une série de questions sur le contexte littéraire, avec corrigé ;
✔ Une série de questions pour chaque extrait littéraire présenté
dans l'ouvrage, avec corrigé ;
✔ Une série de questions sur un extrait d'œuvre de la littérature
mondiale, avec corrigé ;
✔ Une présentation PowerPoint comportant l'analyse d'un extrait de l'ouvrage.

Comment accéder
au Compagnon Web de votre manuel ?

Étudiants

Étape 1 : Allez à l'adresse www.erpi.com/provencher.cw
Étape 2 : Lorsqu'ils seront demandés, entrez le nom d'usager
et le mot de passe ci-dessous :

Étape 3 : Suivez les instructions à l'écran
Assistance technique : tech@erpi.com

Enseignants

Veuillez communiquer avec votre représentant
pour obtenir un mot de passe.

20415W

1740

APPRENDRE, TOUJOURS

Pearson ERPI vous accueille avec plaisir
parmi ses lecteurs.

Notre équipe est animée par un seul but : accompagner les gens
dans leur apprentissage, tout au long de leur vie.

Pour consulter l'ensemble de notre offre ou pour vous procurer
des accès aux produits numériques tels que **Compagnon web**,
Édition en ligne (Pearson eText) ou **MonLab**, rendez-vous sur

www.pearsonerpi.com

9466

SERGE PROVENCHER

ANTHOLOGIE DE LA LITTÉRATURE QUÉBÉCOISE

SERGE PROVENCHER

ANTHOLOGIE DE LA LITTÉRATURE QUÉBÉCOISE

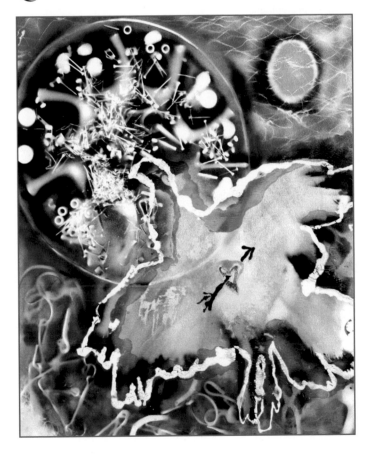

ÉDITIONS DU RENOUVEAU PÉDAGOGIQUE INC.

1611, BOUL. CRÉMAZIE EST, 10ᵉ ÉTAGE, MONTRÉAL (QUÉBEC) H2M 2P2

TÉLÉPHONE : **(514) 334-2690**   TÉLÉCOPIEUR : **(514) 334-4720**

www.erpi.com

Développement de produits
Pierre Desautels

Supervision éditoriale
Jacqueline Leroux

Révision linguistique
Emmanuel Dalmenesche

Correction d'épreuves
Carole Laperrière

Recherche iconographique
Chantal Bordeleau

Direction artistique
Hélène Cousineau

Coordination de la production
Muriel Normand

Conception graphique
Martin Tremblay

Édition électronique
Infoscan Collette, Québec

Dépôt légal :
Bibliothèque et Archives nationales du Québec, 2007
Bibliothèque nationale et Archives Canada, 2007
Imprimé au Canada

ISBN : 978-2-7613-2190-7

67890   LIC   18 17 16 15
20415   ABCD   GUS12

À Mathilde et à Camilien

Avant-propos

Notre rêve était d'offrir une anthologie succincte, facile d'accès et qui, surtout, saurait éveiller la curiosité et l'intérêt du jeune lecteur. Les anthologies sont de merveilleux livres, mais, trop souvent, elles sont d'une ampleur telle que seule une infime partie est utilisée. Nous voulions également offrir aux professeurs un outil leur laissant la liberté d'aborder les œuvres sous l'angle qui leur convient.

L'un des défis sous-jacents à l'écriture d'un tel ouvrage est de fournir les textes les plus déterminants de notre littérature. Nombre de ces chefs-d'œuvre sont aisément identifiables. C'est le cas de ce passage de *Bonheur d'occasion* où, « par l'échancrure du faubourg [...] la ville de Westmount échelonnée jusqu'au faîte de la montagne dans son rigide confort anglais [apparaît à Jean], haineux et puissant devant cette montagne qui le dominait [...]. »

Devant l'immensité du corpus littéraire de la période actuelle, et en l'absence de ce recul historique qui permet habituellement de distinguer les œuvres phares d'une époque, les choix ont souvent été déchirants. Nous les avons faits en gardant à l'esprit l'importance du respect de cette mosaïque contemporaine.

Un autre de ces défis consistait à toujours donner le goût d'en savoir plus long sur la littérature québécoise. Car, au fond, c'est peut-être ici ce qui importe le plus : encourager les lecteurs à davantage fréquenter cette littérature qui est la nôtre et qui peut satisfaire tous les goûts. C'est pourquoi nous avons toujours essayé de traiter nos sujets de façon vivante, proposant parfois un angle subjectif afin de mettre en évidence un écrivain ou un livre.

Nous espérons que la présente anthologie amène encore plus de lecteurs à découvrir ou à redécouvrir notre littérature nationale.

Remerciements

On ne m'en voudra pas de remercier quelques personnes qui m'ont aidé à améliorer le résultat de mes travaux, étant entendu qu'elles ne sauraient être tenues responsables des erreurs ou défauts qui s'y trouveraient.

Pour leurs commentaires sur le modèle de l'anthologie, mes remerciements s'adressent à Stéphane X. Amyot (Cégep Marie-Victorin), Jean Bélanger (Cégep du Vieux Montréal), Solange Bergeron (Cégep de La Pocatière), Robert Houle (Cégep de Sainte-Foy), Jacques Lecavalier (Collège de Valleyfield), Lucie Libersan (Collège Ahuntsic), Francine Pépin (Cégep de Drummondville), Olivier Sénéchal (Cégep régional de Lanaudière à L'Assomption), Nathalie Ste-Marie (Collège de Bois-de-Boulogne) et Jean-François Vallée (Collège de Maisonneuve).

Je remercie tout particulièrement Josée Simard, du Collège Montmorency, et Robert Claing, du Collège Ahuntsic, pour leurs commentaires éclairés sur le manuscrit du présent ouvrage, ainsi que Jacques Moisan, du Cégep de Saint-Jérôme, et Hervé Gagnon, historien, pour les précisions qu'il m'a suggérées.

Enfin, pour leur soutien indéfectible, mes pensées vont à mes collègues du Collège de Saint-Jérôme, à l'équipe des Éditions du Renouveau Pédagogique – notamment à Jacqueline Leroux, éditrice, et à Pierre Desautels, directeur, développement de produits –, de même qu'à mes parents et amis.

Serge Provencher

Table des matières

Chapitre $\boxed{1}$

De modestes débuts

Jean-Baptiste Lagacé (1868-1946). *Étude pour Jacques Cartier lisant l'Évangile sur Agohanna mourant, 1533* (1929). Aquarelle et encre sur papier. Collection des Prêtres de Saint-Sulpice de Montréal (1976.1595), Montréal, Québec.

Au fil du temps

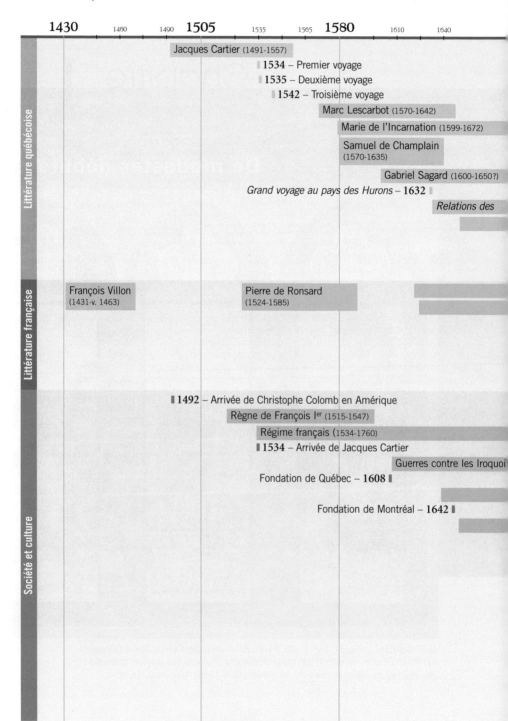

	1430	1460	1490	1505	1535	1565	1580	1610	1640

Littérature québécoise

Jacques Cartier (1491-1557)

1534 – Premier voyage
1535 – Deuxième voyage
1542 – Troisième voyage

Marc Lescarbot (1570-1642)

Marie de l'Incarnation (1599-1672)

Samuel de Champlain (1570-1635)

Gabriel Sagard (1600-1650?)

Grand voyage au pays des Hurons – **1632**

Relations des

Littérature française

François Villon (1431-v. 1463)

Pierre de Ronsard (1524-1585)

Société et culture

1492 – Arrivée de Christophe Colomb en Amérique

Règne de François Ier (1515-1547)

Régime français (1534-1760)

1534 – Arrivée de Jacques Cartier

Guerres contre les Iroquoi

Fondation de Québec – **1608**

Fondation de Montréal – **1642**

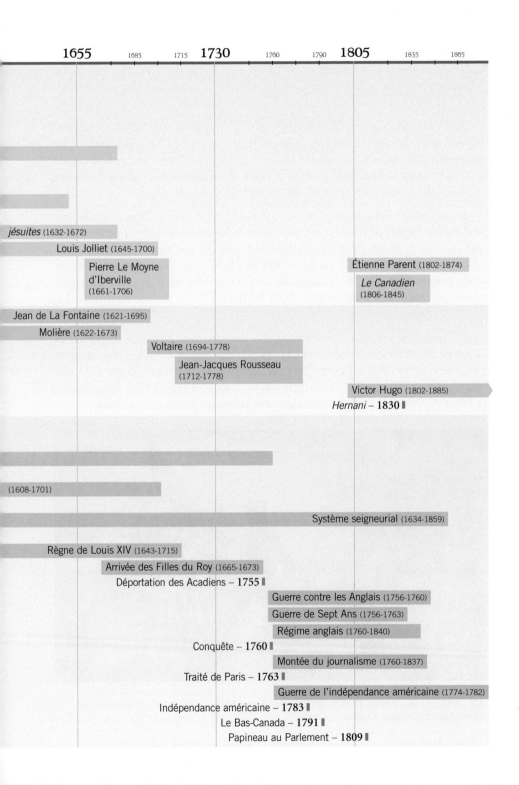

1655 1685 1715 1730 1760 1790 1805 1835 1865

jésuites (1632-1672)

Louis Jolliet (1645-1700)

Pierre Le Moyne
d'Iberville
(1661-1706)

Étienne Parent (1802-1874)

Le Canadien
(1806-1845)

Jean de La Fontaine (1621-1695)

Molière (1622-1673)

Voltaire (1694-1778)

Jean-Jacques Rousseau
(1712-1778)

Victor Hugo (1802-1885)

Hernani – **1830**

(1608-1701)

Système seigneurial (1634-1859)

Règne de Louis XIV (1643-1715)

Arrivée des Filles du Roy (1665-1673)

Déportation des Acadiens – **1755**

Guerre contre les Anglais (1756-1760)

Guerre de Sept Ans (1756-1763)

Régime anglais (1760-1840)

Conquête – **1760**

Montée du journalisme (1760-1837)

Traité de Paris – **1763**

Guerre de l'indépendance américaine (1774-1782)

Indépendance américaine – **1783**

Le Bas-Canada – **1791**

Papineau au Parlement – **1809**

Le contexte sociohistorique (1534-1837)

Q uand la littérature québécoise est-elle née? Certains soutiennent qu'elle remonte seulement à 1837 ou même au xxᵉ siècle, tandis que d'autres estiment qu'elle date des écrits de Jacques Cartier. C'est cette dernière hypothèse que nous retiendrons. Les récits de voyages de Jacques Cartier se révèlent en outre passionnants.

Après que l'Espagne et le Portugal eurent chargé des explorateurs de découvrir une route occidentale vers les Indes, et la découverte du Nouveau Monde par Christophe Colomb qui en résulte en 1492, François Iᵉʳ fait appel au marin de Saint-Malo pour trouver une route vers l'Asie. Il lui demande aussi de découvrir des îles et des pays riches en or ou autres métaux précieux.

Le 23 juillet 1534, Jacques Cartier met pied à terre près de Gaspé, dresse une croix de dix mètres de hauteur et revendique la baie au nom du roi de France. Il note ses faits et gestes dans son journal de bord, qui constitue le premier texte écrit en français en Amérique du Nord. Dès lors, la Nouvelle-France existe. L'appellation montre bien que les Français veulent créer «une autre France, semblable autant que possible à l'ancienne[1]». Mais les débuts de la colonie sont difficiles. Rien n'y est identique à ce qui existe là-bas.

D'abord, il y a la rudesse du climat. Elle entraîne une mortalité terrible chez les colons. Pendant que, plus au sud, la colonie anglaise se développe rapidement pour atteindre 251 000 colons en 1700, la Nouvelle-France n'en compte alors que 14 000. Entre 1665 et 1673, Louis XIV envoie donc 750 jeunes filles sans famille, les Filles du Roy, pour qu'elles épousent des colons et peuplent la colonie.

Marc-Aurèle de Foy Suzor-Côté (1869-1937). *Jacques Cartier rencontre les Indiens à Stadaconé, 1535* (1907). Huile sur toile, 2006 × 401 cm. Collection: Musée national des beaux-arts du Québec (34.12), Québec, Québec.

---

1. Samuel BAILLARGEON. *Littérature canadienne-française*, Montréal, Fides, 1961, p. 17.

Par ailleurs, la Nouvelle-France n'échappe pas aux conflits, qu'ils soient locaux ou dus à la rivalité de la France et de l'Angleterre. Les Amérindiens qui occupent le territoire possèdent déjà une véritable tradition guerrière et très tôt les Français s'y frottent. Ainsi, dès 1608, Champlain prend position dans la guerre qui oppose les Iroquois et les Hurons-Algonquins : il s'allie avec les seconds. De plus, tout au long des XVIIe et XVIIIe siècles, la France et l'Angleterre s'affrontent à la fois en Europe et dans les colonies pour asseoir leur domination. En 1763, le traité de Paris met un terme à la guerre de Sept Ans : la France cède à l'Angleterre la Nouvelle-France. En 1791, celle-ci devient le Bas-Canada, et doit affronter les Américains au début du XIXe siècle.

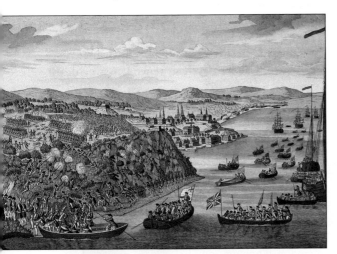

Anonyme (XVIIIe siècle). *Vue de la prise de Québec, 13 septembre 1759* (1797). Musée McCord, Montréal, Québec.

LES ÉCRITS DE LA NOUVELLE-FRANCE

De 1534, année du premier voyage de Jacques Cartier, à 1760, date de la capitulation des troupes françaises menées par le marquis de Vaudreuil, c'est l'ère de la Nouvelle-France. Plusieurs textes écrits alors gagnent à être lus de nos jours, ne serait-ce que pour mieux comprendre d'où nous venons.

JACQUES CARTIER

Le territoire qui deviendra la Nouvelle-France constitue en quelque sorte une réalité tout à fait différente de ce à quoi s'attendent les Français, notamment Jacques Cartier (1491-1557), le premier auteur de ce qu'on appelle les *écrits coloniaux*. Car les récits de ses trois voyages constituent les premiers textes de la Nouvelle-France. Plusieurs soutiennent qu'il ne les a pas rédigés lui-même – le marin Jehan Poullet en serait le véritable auteur –, mais le tout se lit merveilleusement aujourd'hui encore.

COURANT LITTÉRAIRE LES ÉCRITS COLONIAUX

Définition : l'ensemble des textes rédigés à l'époque de la Nouvelle-France.

Thèmes : le voyage, le pays, les colons, les autochtones.

Genres : le récit de voyage et la correspondance.

Cartier s'attend à rencontrer des monstres de toutes sortes – serpents géants, sirènes, griffons ou hommes à tête de chien. La réalité est moins fantastique. Dans ses récits, il nous livre des descriptions factuelles et sans fioritures sur tout ce qui est nouveau pour lui. Les détails concernant la flore et la faune y occupent une place de choix. Viennent ensuite les observations sur les Indiens qu'il côtoie et avec qui il conclut des marchés. Mais ce qui retient le plus son attention, c'est le grand fleuve, cet axe de pénétration du continent américain qu'il baptise « Saint-Laurent ». Ainsi, en 1535, dans son journal de bord, Cartier décrit sa rencontre avec des bélugas à l'embouchure du Saguenay.

ŒUVRE

Jacques Cartier (1491-1557)

Relations

Le lendemain matin, nous fîmes voile et appareillâ-
mes pour passer outre et eûmes connaissance d'une
sorte de poisson que, de mémoire d'homme, on
n'avait jamais vu et dont on n'avait jamais entendu
5   parler. Lesdits poissons sont gros comme marsouins,
sans avoir de corne, et sont plutôt faits par le corps et tête de la façon d'un
lévrier, aussi blancs comme neige, sans aucune tache, et il y en a en fort grand
nombre dans ledit fleuve qui vivent entre la mer et l'eau douce. Les gens du
pays les nomment marsouins blancs, et ils nous ont dit qu'ils sont fort bons
10 à manger, et ils nous ont affirmé qu'il n'y en avait en tout qu'en cet endroit
dans ledit fleuve.

Le sixième jour du même mois, avec un bon vent, nous parcourûmes en
amont dudit fleuve environ quinze lieues et arrivâmes à une île, qui est au
bord de la terre du nord qui fait une petite baie et anse de terre, où il y a un
15 nombre inestimable de grandes tortues, lesquelles sont aux environs de ladite
île. Pareillement, par ceux du pays, se fait aux environs de celle-ci une grande
pêche de ces marsouins blancs. Il y a aussi beaucoup de courant aux environs
de ladite île, comme devant Bordeaux à marée basse. Cette île mesure environ trois lieues de long et deux de large, et est de fort bonne terre grasse,
20 pleine de beaux et grands arbres de plusieurs sortes. Et, entre autres, il y a
plusieurs coudriers [noisetiers], que nous trouvâmes fort chargés de noisettes
aussi grosses et de meilleure saveur que les nôtres, mais un peu plus dures,
et pour cela la nommâmes l'Île-aux-Coudres[1].

---

1. Jacques CARTIER. *Relations*, Montréal, PUM, « Bibliothèque du Nouveau Monde », 1986, p. 136.

Preuve de l'importance de ses récits de voyages, l'influence de Cartier se fera sentir jusque dans les années 1960, lorsque le cinéaste et écrivain Pierre Perrault (1927-1999) produira pour l'Office national du film trois chefs-d'œuvre plus ou moins liés à Cartier, au fleuve et à l'Île-aux-Coudres : *Pour la suite du monde, Le règne du jour* et *Les voitures d'eau*.

GABRIEL SAGARD ET AUTRES EXPLORATEURS

Le missionnaire récollet Gabriel Sagard (1600-1650 ?) séjourne en Nouvelle-France en 1623 et en 1624, et, de retour en France, publie le *Grand voyage au pays des Hurons* en 1632. Après avoir passé un peu moins d'un an en pays huron, le religieux propose un véritable regard ethnographique sur la société dans laquelle il a vécu. Sa connaissance de ce peuple lui fait parfois écrire que celui-ci n'a rien de sauvage et que le bon sens n'est pas l'apanage des Européens.

John David Kelly (1862-1958). *Champlain dans la baie Georgienne* (1895-1900). Musée McCord, Montréal, Québec.

D'autres voyageurs – notamment Samuel de Champlain (1570-1635), Marc Lescarbot (1570-1642), Louis Jolliet (1645-1700) ou Pierre Le Moyne d'Iberville (1661-1706) – rédigent nombre de récits de voyages entre 1600 et 1760. La plupart du temps, comme sous la plume de Champlain, on y lit les efforts qu'ils déploient pour convertir à la religion catholique, de gré ou de force, ceux qu'ils appellent les Sauvages. Ces derniers continuent toutefois à évoquer des situations ou des créatures extraordinaires, telles que le Gougou qui hante la baie des Chaleurs. Champlain raconte que, selon les Indiens, le Gougou est un monstre épouvantable qui a la forme d'une femme effroyable ; il est si grand que le bout des mâts du vaisseau de l'explorateur ne lui arrive pas à la ceinture.

LES JÉSUITES

Si les 13 000 lettres rédigées par Marie de l'Incarnation (1599-1672) sont un apport non négligeable à la littérature de Nouvelle-France, l'œuvre la plus importante sous le Régime français demeure sans conteste les *Relations des jésuites,* une compilation en 41 volumes des rapports que les jésuites ont adressés à leurs supérieurs en France pendant quatre décennies (1632-1672).

Rédigés dans un style simple mais efficace, les rapports des jésuites visaient à renseigner les autorités et le public sur le travail des missionnaires. Ils contribuaient aussi à susciter des vocations et à aider la cause de la colonisation de la Nouvelle-France.

Des pères tels que Paul Le Jeune (1591-1664) ou Jean de Brébeuf (1593-1649), qui sera martyrisé et canonisé, donnent des récits détaillés et précis de sujets très divers : la traversée de l'Atlantique, les mœurs des différentes tribus amérindiennes, les guerres avec les Iroquois, les rigueurs de l'hiver, les curiosités de la faune, tel le porc-épic, ou les événements historiques marquants de la Nouvelle-France.

Les passages les plus mémorables des *Relations des jésuites* demeurent ceux qui montrent les dégâts que l'adoption de mœurs et de coutumes étrangères – par exemple la consommation d'alcool – cause aux Indiens. Mentionnons également les descriptions des tortures que ces derniers infligent aux religieux ou aux ennemis, passages qui atteignent parfois des sommets dans l'horreur.

Père Paul Le Jeune (1591-1664)

Relation de 1632

Voici donc comment ils les traitèrent.

Ils leur avaient arraché les ongles avec les dents sitôt qu'ils furent pris. Ils leur coupèrent les doigts le jour de leur supplice, puis leur lièrent les deux bras ensemble par le poignet de la main avec un cordeau, et deux hommes de
5   part et d'autre le tiraient tant qu'ils pouvaient, et ce cordeau entrait dans la chair et brisait les os de ces pauvres misérables, qui criaient horriblement. Ayant les mains ainsi accommodées, on les attacha à des poteaux, et les filles et les femmes donnaient des présents aux hommes afin qu'ils les laissent

John Henry Walker (1831-1899). *Torture d'un jésuite* (1851).
Musée McCord, Montréal, Québec.

tourmenter à leur gré ces pauvres victimes. Je n'assistai point à ce supplice,
10 je n'aurais pu supporter cette cruauté diabolique: mais ceux qui étaient présents me dirent, sitôt que nous fûmes arrivés, qu'ils n'avaient jamais vu rien
de semblable. Si vous aviez vu ces femmes enragées, criant, hurlant, leur appliquer des feux aux parties les plus sensibles et les plus intimes, les piquer avec
des lances, les mordre à belles dents, comme des furies, leur fendre la chair
15 avec des couteaux, bref, exercer tout ce que la rage peut suggérer à une
femme. Elles jetaient sur eux du feu, des cendres brûlantes, du sable tout
ardent, et quand les suppliciés jetaient quelques cris, tous les autres criaient
encore plus fort, afin qu'on n'entendît point leurs gémissements et qu'on ne
fût touché de compassion. On leur coupa le haut du front avec un couteau,
20 puis enleva la peau de la tête, et on jeta du sable ardent sur la tête découverte. Maintenant, il y a des Sauvages qui portent ces peaux couvertes de
leurs cheveux et moustaches par bravade; on voit encore plus de deux cents
coups de lances dans ces peaux: bref, ils exercent sur eux toutes les cruautés que j'ai dites ci-dessus parlant de ce que j'avais vu à Tadoussac, et plu-
25 sieurs autres, dont je ne me souviens pas maintenant. Quand on leur fait
remarquer que ces cruautés sont horribles et indignes d'un homme, ils répondent: «Tu n'as point de courage de laisser vivre tes ennemis; quand les
Iroquois nous prennent, ils nous font encore pis: voilà pourquoi nous les trai-
tons le plus mal qu'il nous est possible.» Ils firent mourir un chef de bande
30 iroquois, homme puissant et courageux; il chantait dans ses tourments. [...]
Après qu'on lui eût coupé les doigts, brisé les os des bras, arraché la peau
de la tête, qu'on l'eût rôti et brûlé de tous côtés, on le détacha, et ce pauvre
misérable courut droit à la rivière, qui n'était pas loin de là, pour se rafraîchir.
Ils le reprirent, lui firent encore endurer le feu une autre fois; il était tout noir,
35 tout grillé, la graisse fondait et sortait de son corps, et avec tout cela, il s'enfuit
encore pour la seconde fois, et l'ayant repris, ils le brûlèrent pour la troisième
fois; enfin, il mourut dans ces tourments. Comme ils le voyaient tomber, ils
lui ouvrirent la poitrine, lui arrachant le cœur, et le donnèrent à manger à
leurs petits enfants, le reste étant pour eux. Voilà une étrange barbarie[1].

LES ÉCRITS DE L'APRÈS-CONQUÊTE

Les nombreux conflits survenus avec les peuples autochtones ont profondément
marqué le Régime français, même si des aventuriers comme Jolliet ont écrit
qu'ils se trouvaient dans le plus beau pays qui se puisse voir sur la Terre et n'ont
pas eu de problèmes avec les Indiens. À ce choc des civilisations s'ajoute bientôt
celui de la Conquête anglaise de 1760.

---

1. PÈRES DE LA COMPAGNIE DE JÉSUS. *Relations des jésuites 1611-1672*, Montréal, Éditions du Jour,
1972, Tome 1, p. 10-11.

Dès lors, le Canada est une colonie britannique parmi d'autres. Son territoire jadis immense n'est plus qu'un rectangle étroit dans la vallée du Saint-Laurent. La propriété y est reconnue, mais le statut de la religion catholique et de la langue française est incertain. La monnaie est dévaluée, l'économie et l'agriculture sont en ruines. Heureusement pour les Canadiens français, la révolte gronde dans les colonies britanniques au sud. Pour dissuader les Canadiens français de joindre les rangs de la révolution américaine, qui mènera à la création des États-Unis, les autorités britanniques leur reconnaissent en 1774 le droit de pratiquer la religion catholique et de parler français, et elles leur concèdent les lois civiles françaises. Mais les Canadiens français ne disposent encore d'aucun pouvoir politique.

Dans ce contexte, l'organisation religieuse et civile devient un facteur important de survivance culturelle. Les prêtres vont bien au-delà de leur rôle religieux : sur le plan social, entre autres, ils déploient des efforts rigoureux pour éviter l'assimilation des Canadiens français par les Anglais. L'Église veille aussi à maintenir les institutions civiles, notamment en prenant en charge l'éducation et les organisations charitables. La période de l'après-conquête va être marquée par l'épanouissement de la littérature orale et l'émergence du journalisme.

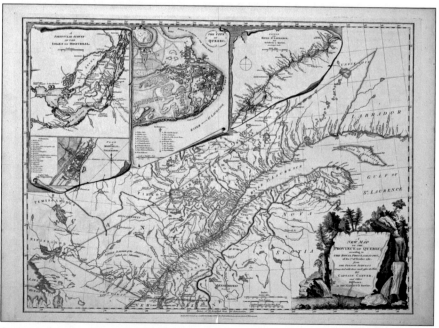

Capitaine Jonathan Carver (1710-1780). *Une nouvelle carte de la province de Québec, selon la Proclamation royale* (1776). Musée McCord, Montréal, Québec.

LA LITTÉRATURE ORALE

La littérature orale, qui comprend les chansons, les légendes et les contes transmis de bouche à oreille, devient plus populaire encore qu'elle ne l'était déjà auparavant auprès d'une population canadienne-française majoritairement analphabète.

COURANT LITTÉRAIRE   ## LA LITTÉRATURE ORALE

Définition : l'ensemble des légendes se transmettant de bouche à oreille.

Thèmes : le Diable, les fantômes, les êtres et phénomènes surnaturels.

Genres : la chanson, la légende, le conte.

Aujourd'hui, grâce à des ethnologues comme Marius Barbeau et Luc Lacourcière, non seulement connaissons-nous mieux toute l'étendue et la richesse de la littérature orale, mais nous possédons des archives écrites et sonores fiables. Des chansons comme *À la claire fontaine*, et ses nombreuses variantes, subsistent encore. Mais beaucoup d'autres ne sont plus chantées. C'est le cas de *La plainte du coureur des bois*, qui s'est éteinte avec l'abandon du canot.

Les légendes fleurissent et remontent parfois à très loin. Elles prennent souvent la forme de souvenirs personnels, ce qui leur donne une apparence de vérité. Il s'agit de récits oraux évoquant un passé où l'on croyait aux revenants, aux feux follets et aux *jeteux de sorts*.

La légende la plus célèbre est celle de la chasse-galerie : après avoir conclu un pacte avec le Diable, des bûcherons se transportent dans le ciel en canot, frôlant le clocher des églises. D'autres légendes s'inspirent d'Homère, de Rabelais ou de Shakespeare, avec, chaque fois, une touche locale qui les rend plus crédibles. Le père de Brébeuf entend même raconter trois fois, par les Hurons, l'histoire d'Orphée et d'Eurydice.

La légende de la Corriveau marque également les esprits. Née en 1733, Marie-Josephte Corriveau , jugée coupable de l'assassinat de son second mari, est pendue le 27 janvier 1763. Son cadavre est ensuite exposé dans une cage de fer[1] pendant une quarantaine de jours, près des plaines d'Abraham. Il en naît toutes sortes de craintes et de rumeurs, évoquées par Monique Pariseau (1948-) dans *La fiancée du vent*, un roman qui réhabilite le personnage de Marie-Josephte Corriveau.

---

1. En 1763, le régime militaire est en vigueur. Marie-Josephte Corriveau est jugée par une cour martiale formée d'officiers britanniques. Cela explique la condamnation qu'on lui impose : l'exposition de son corps dans une cage de fer, une coutume anglaise qui remonte au Moyen Âge et qui est très fréquente au XVIIIe siècle. Elle a pour but de donner un exemple de la puissance de la justice.

ŒUVRE

Monique Pariseau (1948-)

La fiancée du vent

Les hommes firent perdre son prénom à Marie-Josephte. On ne l'appela plus que « la Corrivaux[1] ».

Ils en firent aussi des légendes, des histoires qui feraient peur aux petites filles. Ils l'apparentèrent
5 même, dans plusieurs régions du Québec, au bon-homme Sept-Heures. Ils multiplièrent ses maris, en firent une affreuse sorcière, une damnée, une empoisonneuse. Ils affirmèrent qu'elle avait assassiné sept maris. Le premier
10 aurait d'abord été assommé, puis les ruades d'un cheval l'auraient achevé. Elle aurait coulé du plomb chaud dans les oreilles de son deuxième mari endormi. Le troisième aurait eu le
15 cœur transpercé par une longue aiguille; le quatrième aurait été empoisonné, et pour tuer son cin-quième mari, c'est dans son cer-veau qu'elle aurait planté une
20 aiguille. Elle aurait, enfin, étouffé les deux derniers.

On prétendit que l'herbe sous le gibet ne poussait plus, que Marie-Josephte était une sorcière qui participait à des
25 sabbats sur l'Île d'Orléans, qu'elle des-cendait de sa potence, les nuits sans lune, pour harceler les voyageurs. On affirma que le sol que Marie-Josephte avait foulé était maudit et qu'il fallait le
30 bénir pour contrer le maléfice. Apparemment, aussi, elle venait voler l'âme de chaque homme mort sans sacrements[2].

Alfred Laliberté (1878-1953).
La Corriveau (1928-1932).
Bronze, 61 × 27,8 × 26,7 cm.
Collection : Musée national des beauxs-arts du Québec (34.427), Québec, Québec.

1. Bien que l'orthographe traditionnelle soit *Corriveau*, Monique Pariseau a découvert, au cours de ses recherches, que Marie-Josephte signait son nom *Corrivaux*.
2. Monique PARISEAU. *La fiancée du vent. L'histoire de la Corrivaux née en Nouvelle-France et pendue sous le Régime anglais*, Montréal, Libre Expression, 2003, p. 390-391.

Les Canadiens français étant plus friands de ces légendes et contes que les Canadiens anglais, on peut formuler l'hypothèse qu'ils s'y accrochent dans un mouvement de survie. La littérature orale permet en effet de préserver et de transmettre la culture et les traditions dans une société où l'écrit est rare. Il reste que la religion catholique colore presque chacun de ces récits, où l'on évoque force âmes damnées, jetées dans les limbes ou au purgatoire. La littérature orale renforce ainsi la morale chrétienne, fondement de la société canadienne-française.

Charles Huot (1855-1930). *La veillée du diable* (v. 1900). Fusain et craie sur papier, 42,2 × 60,4 cm. Collection : Musée national des beaux-arts du Québec (34.194), Québec, Québec.

Ainsi, il ne faut pas s'étonner si, au début du conte populaire « La reine des ormeaux », le pauvre père qui ne trouve pas de parrain pour son enfant rencontre un homme qui a l'air d'un grand seigneur : « T'inquiète pas, dit l'étranger. Je serai le parrain de ton rejeton. C'est lui qui sera le plus gaillard de la bande. La joie vient d'entrer chez vous. C'est moi qui te le dis[1]. » Mais, puisqu'il s'agit du Diable, de gros ennuis se profilent à l'horizon.

LE JOURNALISME

Dans les manuels d'histoire littéraire, on qualifie souvent le journalisme de la période allant de 1760 à 1837 de « berceau des lettres canadiennes ». Quoi qu'il en soit, ce journalisme joue un rôle dans la survie des Canadiens français face aux présences anglaise et américaine.

---

1. Pierre de GRANDPRÉ. *Histoire de la littérature française au Québec*, Montréal, Beauchemin, 1967, Tome I, p. 96.

Rappelons que, pendant ces années, très peu de gens savent lire et écrire. Ainsi, en 1826, une pétition en faveur de Louis-Joseph Papineau contre le gouvernement de Dalhousie recueille 87 000 signatures, ce qui est énorme, sauf que 78 000 d'entre elles ne sont que des croix. Conséquemment, la production littéraire est presque inexistante. En revanche, plusieurs journaux à petit tirage voient le jour, les divertissements se faisant rares pour les personnes qui savent lire.

La Gazette de Québec est d'abord lancée en 1764. Le journal est bilingue, à l'image de la nouvelle situation qui prévaut dans les faits, et s'adresse en principe tant aux Canadiens de souche qu'aux nouveaux occupants. Cependant, l'esprit de *La Gazette de Québec* est anglais, et les articles publiés en français ne sont que des traductions douteuses, mauvaises ou biaisées.

Au fil des ans, parfois avec peu de subtilité, l'équipe du journal dénigre la France et tout ce qui s'y rattache. Au nom de la philosophie des Lumières, qui encourage la raison, le progrès, la liberté de pensée, la justice et l'égalité, on se moque de l'Église catholique ou on la critique pour son dogmatisme et son intolérance. Par la suite, le journal alternera les prises de position : tantôt pour la Révolution française, tantôt contre ; tantôt contre Napoléon Bonaparte, ennemi public numéro un, tantôt pour.

Le premier journal montréalais paraît en 1778. Il s'agit de la *Gazette du commerce et littéraire pour la ville et district de Montréal*, imprimée par le Marseillais Fleury Mesplet, sympathisant des révolutionnaires américains et partisan des idées des Lumières. Il s'agit d'un journal d'opinion qui offre cependant aux Canadiens français la possibilité d'écrire sur des sujets d'ordre littéraire ou philosophique. Les premiers essais sont souvent médiocres ; certains font même scandale, portant « la marque de l'esprit voltairien qui avait pénétré au Canada, pendant la deuxième partie du dix-huitième siècle[1] ». Cependant, l'esprit est cette fois bien français. La *Gazette* délaisse les nouvelles internationales et les annonces au profit des petites histoires locales. Son existence est toutefois éphémère : en 1779, le journal est interdit de publication, et Mesplet et ses collaborateurs sont emprisonnés. En 1785, Mesplet fonde *La Gazette de Montréal/The Montreal Gazette*, journal d'informations et de commentaires qui fait écho aux idées de la Révolution française.

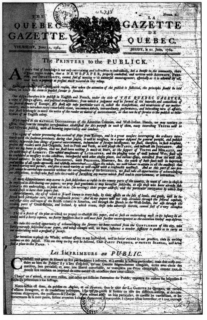

La Gazette de Québec.

---

1. Camille ROY. *Manuel d'histoire de la littérature canadienne de langue française*, Montréal, Beauchemin, 1940, p. 25.

Enfin, en 1806, *Le Canadien*, un journal ouvertement patriotique et national, est fondé pour contrecarrer les pressions des Anglais qui songent à «défranciser» la colonie. Il défend surtout les droits menacés des Français. Le gouverneur Craig fait saisir ses presses, mais le journal réapparaît, célébrant la France. L'ère des revendications linguistiques est ouverte : le combat en faveur de la langue française est engagé, sur fond de romantisme patriotique libéral.

Étienne Parent (1802-1874) demeure probablement le journaliste le plus célèbre du temps. Avec force et sagesse, il traduit la pensée de ses compatriotes qui, dorénavant, devront toujours lutter pour préserver leur culture française. En 1846, dans une conférence sur l'importance de l'étude de l'économie politique, il proclame la nécessité, pour les Canadiens français, de s'intéresser aux études économiques, s'ils veulent survivre.

COURANT LITTÉRAIRE LE ROMANTISME PATRIOTIQUE LIBÉRAL

Définition : une littérature militante et engagée dans la cause de la nation.
Thèmes : le passé, le courage, la langue, le peuple, la survie, l'avenir.
Genres : le discours politique et le journalisme.

ŒUVRE

Étienne Parent (1802-1874)

Conférence

Le temps n'est plus où, pour soutenir la lutte avec honneur et avantage, il suffisait à nos hommes publics d'avoir du courage, du dévouement, de l'éloquence, et une grande connaissance du droit naturel, politique
5 et constitutionnel. Le temps n'est plus en outre où, par notre masse seule, nous pouvions tenir en échec les éléments sociaux et politiques qui nous étaient opposés, dans une lutte qui avait pour objet les principes mêmes du gouvernement. Notre machine gouvernementale est maintenant régulièrement organisée, c'est-à-dire que les principes qui doivent
10 en régler le fonctionnement sont arrêtés et reconnus, ce qui ne veut pas dire cependant que tout est pour le mieux dans l'arrangement politique actuel.

Mais la lutte n'est pas finie, et ne finira même jamais sous notre système de gouvernement ; elle a seulement changé de terrain. Des hautes théories gouvernementales, elle est descendue aux questions d'intérêt matériel, qui
15 pour la masse des peuples sont souvent d'une importance plus grande que les premières[1].

---

1. Gérard BESSETTE, Lucien GESLIN et Charles PARENT. *Histoire de la littérature canadienne-française*, Montréal, CEC, 1968, p. 37.

Bref, les journaux de cette période, particulièrement *Le Canadien*, exhortent toute une classe politique à se détacher du pouvoir établi et, au surplus, à surmonter la honte issue de la Conquête afin d'affirmer une véritable conscience nationale. Les Patriotes apparaissent donc porteurs des idées révolutionnaires d'inspiration américaine et française comme l'égalité, la liberté, la démocratie et les droits fondamentaux de l'être humain, ce qui nous amène tout droit à la Rébellion de 1837.

Charles William Jeffreys (1869-1951). *Papineau s'adressant à ses partisans* (v. 1925). Archives nationales du Canada, Ottawa.

ENCADRÉ DOCUMENTAIRE

L'éloquence politique

L'éloquence politique apparaît pendant cette période. Des hommes comme Louis-Joseph Papineau et Louis-Hippolyte Lafontaine incarnent ce qu'on appellera l'«éloquence canadienne» dans les assemblées publiques ou électorales. Dans le petit livre *Tribuns et avocats*[1], l'auteur raconte combien un orateur tel que Charles Langelier est habile. À un électeur qui n'arrête pas de lui crier, pendant son discours, «La preuve, la preuve!», Langelier finit par lancer: «Voyons, M. Boisdur, soyez raisonnable.» Et quand l'autre lui répond que son nom n'est pas *Boisdur* mais *Boisvert*, il lui demande évidemment de le prouver, déclenchant l'hilarité de la salle.

SYNTHÈSE Qui fait quoi?

Les courants littéraires	Les œuvres et les auteurs
Les écrits coloniaux L'ensemble des textes rédigés à l'époque de la Nouvelle-France et traitant du voyage, du pays, des colons et des autochtones.	Jacques Cartier, Gabriel Sagard, Marc Lescarbot, Samuel de Champlain, Louis Jolliet, Pierre Le Moyne d'Iberville, Marie de l'Incarnation et les jésuites.
La littérature orale L'ensemble des légendes se transmettant de bouche à oreille et mettant en scène le Diable, les fantômes, ainsi que les êtres et phénomènes surnaturels.	La chanson, la légende et le conte.
Le romantisme patriotique libéral Une littérature militante et engagée dans la cause de la nation, exploitant les thèmes suivants: le passé, le courage, la langue, le peuple, la survie et l'avenir.	Le discours politique et le journalisme, avec Étienne Parent.

1. Laurent-Olivier DAVID. *Tribuns et avocats*, Montréal, Beauchemin, «Bibliothèque canadienne», 1926, 92 p.

Chapitre 2

La naissance d'une littérature

Cornelius Krieghoff (1815-1872). *Habitants canadiens-français jouant aux cartes* (1884).
Musée McCord, Montréal, Québec.

Au fil du temps

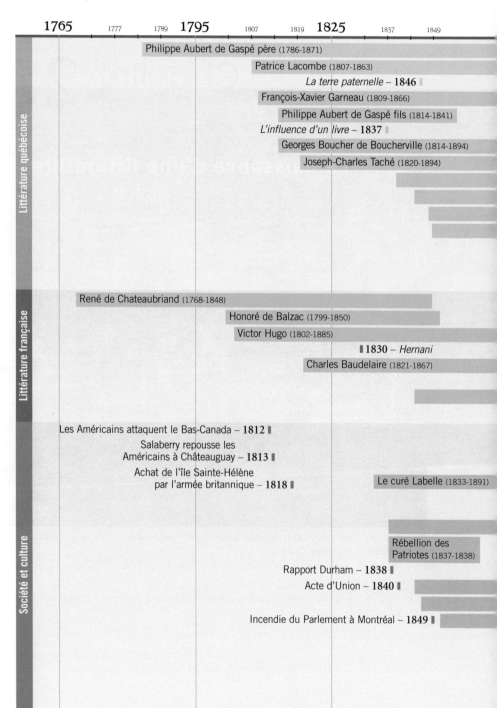

1765   1777   1789   **1795**   1807   1819   **1825**   1837   1849

Littérature québécoise

Philippe Aubert de Gaspé père (1786-1871)

Patrice Lacombe (1807-1863)

La terre paternelle – **1846**

François-Xavier Garneau (1809-1866)

Philippe Aubert de Gaspé fils (1814-1841)

L'influence d'un livre – **1837**

Georges Boucher de Boucherville (1814-1894)

Joseph-Charles Taché (1820-1894)

Littérature française

René de Chateaubriand (1768-1848)

Honoré de Balzac (1799-1850)

Victor Hugo (1802-1885)

1830 – *Hernani*

Charles Baudelaire (1821-1867)

Société et culture

Les Américains attaquent le Bas-Canada – **1812**

Salaberry repousse les
Américains à Châteauguay – **1813**

Achat de l'île Sainte-Hélène
par l'armée britannique – **1818**

Le curé Labelle (1833-1891)

Rébellion des
Patriotes (1837-1838)

Rapport Durham – **1838**

Acte d'Union – **1840**

Incendie du Parlement à Montréal – **1849**

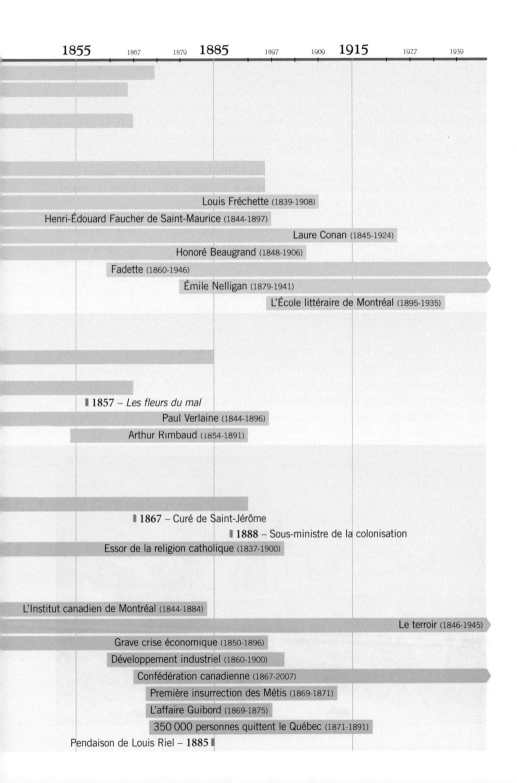

LE CONTEXTE SOCIOHISTORIQUE (1837-1900)

Trois événements importants marquent les années 1837-1840 : la Rébellion des Patriotes, le rapport Durham et l'Acte d'Union des deux Canadas. Chaque fois, les Canadiens français se sentent humiliés par les Anglais.

En 1837-1838, la province vit de graves tensions. La population des villes craint de se faire voler ses emplois par les nombreux immigrants britanniques. Le choléra de 1832 a emporté 7 500 personnes à Montréal et à Québec. L'agriculture est en crise. Les terres n'assurent plus la survie de leurs occupants, qui émigrent vers les villes. À la Chambre d'assemblée du Bas-Canada, les députés élus n'ont aucun pouvoir. Ce sont des dirigeants anglais, non élus, qui décident des lois et des dépenses.

Après des années de revendications infructueuses, les Patriotes de Louis-Joseph Papineau se révoltent. Menés par des avocats, des médecins, des notaires et autres membres de professions libérales, parmi lesquels se trouvent des anglophones, les rebelles prennent les armes. Après une victoire à Saint-Denis, ils sont écrasés par les troupes anglaises à Saint-Charles, à Saint-Eustache et à Saint-Benoît. Douze Patriotes – dont Chevalier de Lorimier, qui cria : « Vive la liberté, vive l'indépendance ! » – sont pendus à Montréal, à la prison du Pied-du-Courant.

Chargé de faire la lumière sur les événements, lord Durham écrit que les descendants des Français forment « un peuple sans histoire et sans littérature ». Pour tirer les Canadiens français d'une « infériorité sans espoir », il recommande de les assimiler en faisant du Haut-Canada (l'Ontario actuel) et du Bas-Canada (le Québec actuel) une seule colonie – le Canada-Uni – dotée d'un parlement commun où ils seront en minorité. L'Acte d'Union entre en vigueur en 1840. Cependant,

Lord Charles Beauclerk (1813-1842). *Vue arrière de l'église Saint-Eustache* (1840). Musée McCord, Montréal, Québec.

en 1842, les réformistes modérés des deux provinces, menés par Louis-Hippolyte Lafontaine et Robert Baldwin, s'allient au parlement et forment un gouvernement qui lutte notamment pour la langue française, ce que réclamaient les Patriotes.

Après 1840, le paysage politique est marqué par la rivalité entre le parti Rouge, qui défend des principes républicains et démocratiques, et le clergé, partisan de valeurs traditionnelles idéalisant le terroir. En toile de fond, la population est de plus en plus aux prises avec la pauvreté, et l'on note une forte émigration vers les villes et les États-Unis.

En somme, la société est divisée en deux tendances. Un premier courant de pensée, le libéralisme, aspire à un idéal démocratique et au progrès. Il rejoint le mouvement de romantisme révolutionnaire qui se propage alors sur d'autres continents. Un second courant, conservateur et ultramontain, c'est-à-dire très religieux, est conduit par l'Église qui cherche à contrôler les esprits, en particulier dans le terroir.

Des historiens à l'œuvre

« **U**n peuple sans histoire et sans littérature »… Si la formule de lord Durham en choque plus d'un, correspond-elle à la réalité ? Jusqu'aux Patriotes, il est certain que notre histoire et notre littérature écrites se composent de peu.

Dans le domaine de l'histoire, c'est le nom de Jacques Viger (1787-1858) qui vient immédiatement à l'esprit. Premier maire de Montréal, Viger n'écrit pratiquement rien pour le public, mais recueille, avec zèle et patience, d'innombrables matériaux destinés à forger l'histoire du pays. Au cours d'une carrière qui s'étend sur un demi-siècle, il collectionne notes, manuscrits, récits inédits, lettres, mémoires, cartes, articles et papiers de toutes sortes dans le but de préparer le terrain à quiconque voudra écrire l'histoire du pays. Il annote et ordonne ses documents, ce qui le fait vite connaître au-delà de nos frontières.

Gravure de Cochran d'après un dessin de Sir Thomas Lawrence. *The Rt. Honorable John-George Lambton, Baron Durham* (1832). Musée de la civilisation, Collection du Séminaire de Québec, fonds Viger-Verreau, Québec, Québec.

Le docteur Jacques Labrie (1783-1831) écrit une *Histoire générale du Canada*, qui semble « exacte et originale », d'après les extraits parus dans les journaux. Son décès, dû à une pneumonie, entraîne le dépôt du manuscrit chez un notaire dénommé Girouard. Mais le sac et l'incendie de Saint-Benoît par les Anglais, en 1837, le réduisent en cendres.

La première véritable *Histoire du Canada* qui nous est parvenue est celle de Michel Bibaud (1782-1857). Elle se divise en trois volumes couvrant le Régime français et le Régime anglais jusqu'en 1837. Elle est émaillée d'inexactitudes et témoigne d'un manque de rigueur, en plus d'une partialité qui va lui nuire. En effet, Bibaud passe pratiquement sous silence les récriminations et les griefs des

Canadiens français, et les importantes luttes constitutionnelles ne trouvent pas chez lui d'écho favorable. Bibaud a un parti pris pour les Britanniques et s'oppose systématiquement aux Patriotes. Bien qu'elle lève le voile de façon intéressante sur les hommes et les femmes du temps et sur leurs préoccupations, cette histoire sera dénigrée dès sa parution et éclipsée par l'*Histoire du Canada* de Garneau, ouvrage très complet selon nombre de commentateurs de l'époque et de maintenant.

Avant même le rapport de lord Durham, François-Xavier Garneau (1809-1866) a à cœur l'histoire des Canadiens français. Clerc dans une étude de notaire où il rencontre souvent de jeunes Anglais, il réplique à ceux qui reprochent aux Canadiens français de ne pas avoir d'histoire : « Je vous prouverai que nous avons une histoire, je vais moi-même la raconter. »

Quinze années d'études sérieuses et de patientes recherches le conduisent à faire paraître trois volumes en 1845, en 1846 et en 1848. Pour Garneau, écrire l'*Histoire du Canada* n'est pas une fantaisie ; il n'est pas non plus avide de gloire ni poussé par l'appât du gain : ce qu'il veut, c'est réhabiliter la nation et corriger l'image de peuple inférieur et vaincu associée aux Canadiens français.

Garneau réussit à déclencher l'émotion chez le lecteur : il déploie une énergie et une verve remarquables, ainsi qu'un style à la hauteur de ses ambitions et qui révèle un authentique écrivain. De plus, le contenu informatif de son texte est relativement exhaustif : descriptions topographiques du pays et des progrès matériels et moraux de la colonie, histoire et mœurs des Indiens, peinture des conflits et de la vie politique en général. Une fois achevé ce travail considérable, Garneau se lance aussitôt dans une imposante refonte à laquelle aucun paragraphe n'échappe. Il y aura ainsi trois éditions de son *Histoire du Canada*.

D. Holmfeld et H. De Eyving. *La bataille de Châteauguay* (1896). Château Ramezay, Montréal, Québec.

En fidèle disciple des historiens romantiques, Garneau s'emporte parfois dans les scènes de combats, au point que l'orateur prend alors le pas sur l'historien, mais il assortit souvent ses descriptions de cartes géographiques qui permettent de mieux visualiser les événements. Ce goût pour les récits de batailles lui vient probablement de son grand-père, Jacques Garneau. Ce dernier avait été le témoin de plusieurs affrontements, notamment d'un combat naval qui s'était déroulé en face de sa maison de Saint-Augustin et qu'il aimait à raconter à son petit-fils. Les quelques lignes qui suivent sur la bataille de Châteauguay, où l'on voit comment les Canadiens et les Anglais se défendent face aux Américains, reflètent bien le style de François-Xavier Garneau.

François-Xavier Garneau (1809-1866)

ŒUVRE

La bataille de Châteauguay

Hampton poussa en avant une forte colonne d'infanterie, à la tête de laquelle marchait un officier de haute stature, qui se détacha et cria en français aux voltigeurs : « Braves Canadiens, rendez-vous, nous ne voulons pas
5   vous faire de mal ! » Pour réponse il reçut un coup de fusil qui le coucha par terre. Ce fut le signal du combat.

Les trompettes sonnèrent, et la fusillade éclata sur toute la ligne. Comme elle se prolongeait sans aucun résultat, le général américain changea ses dispositions pour essayer de percer la ligne anglaise par des charges vigoureuses. Il
10 concentra ses forces et se mit à attaquer tantôt le centre des Canadiens, tantôt une aile et tantôt l'autre. Partout repoussé, il quitta enfin le champ de bataille.

Le bruit du combat avait attiré l'attention de la division du colonel Purdy, qui était entrée dans le bois, de l'autre côté de la rivière, et qui s'y était égarée. Aussitôt qu'elle fut reconnue, elle marcha aux détachements postés en avant
15 du gué, et les fit reculer d'abord devant la trop grande supériorité de son feu. C'était au moment où la fusillade sur la rive nord avait presque cessé par la retraite d'Hampton. Salaberry, voyant que l'action à sa gauche devenait sérieuse, alla se mettre à la tête des troupes placées en potence le long de la rivière, et dirigea de la voix les mouvements de celles qui étaient au-delà. Il
20 fit taire dans le moment sur le flanc de la colonne ennemie un feu si vif, qu'il la contraignit de retraiter avec précaution. Telle était l'ardeur de ses gens, qu'on vit des voltigeurs traverser la rivière à la nage, sous les balles, pour aller forcer des Américains à se rendre prisonniers. Hampton, dont toutes les mesures étaient dérangées et qui croyait les Canadiens beaucoup plus nombreux qu'ils
25 ne l'étaient, prit alors la résolution d'abandonner la lutte. Ainsi trois à quatre cents hommes à peine en avaient vaincu sept mille après un combat opiniâtre de quatre heures[1].

---

1. François-Xavier GARNEAU. *Histoire du Canada depuis sa découverte jusqu'à nos jours*, Montréal, Beauchemin & Fils, 1883, Tome III, p. 182-183.

S'il est d'abord historien, Garneau est aussi poète et homme de lettres à une époque où il est héroïque de l'être, comme en témoigne un ouvrage collectif[1] publié pour commémorer le centenaire de sa mort ; on y rappelle qu'il s'adonna aussi à la poésie, au journalisme et aux récits de voyages. L'influence de Garneau se fait notamment sentir chez l'abbé Jean-Baptiste-Antoine Ferland (1805-1865) et chez l'abbé Henri-Raymond Casgrain (1831-1904), deux représentants du romantisme patriotique ultramontain, ainsi que, beaucoup plus tard, chez monseigneur Camille Roy (1870-1943), le premier historien de notre littérature.

COURANT LITTÉRAIRE LE ROMANTISME PATRIOTIQUE ULTRAMONTAIN

Définition : une littérature défendant le pays et les valeurs religieuses.
Thèmes : le pays, le bien, le beau, le vrai, la vie.
Genres : l'essai, le roman et la poésie.

LES PREMIERS ROMANS

Avant Philippe Aubert de Gaspé père, le roman est peu représenté dans notre littérature, hormis quelques œuvres du terroir, porteuses de l'idéal de la survivance. Mais le courant libéral l'emporte, qui mènera tout en douceur à l'École littéraire de Montréal, dont il sera question plus loin.

En 1837 paraît le premier roman canadien-français, *L'influence d'un livre,* de Philippe Aubert de Gaspé fils (1814-1841). Le héros de l'histoire prétend avoir trouvé dans *Le petit Albert*[2] des recettes pour faire fortune. Le roman de Philippe Aubert de Gaspé fils sombre dans l'irrationnel. Il sera rebaptisé *Le chercheur de trésors* par l'abbé Casgrain, principal censeur des lettres canadiennes-françaises, qui s'assure que tout livre respecte la morale catholique : Casgrain en expurge les jurons et le mot « amour », qu'il remplace par « affection » ou « amitié ».

En 1846, dans deux revues, paraît *La terre paternelle,* l'unique récit du notaire Patrice Lacombe (1807-1863). C'est le début du roman paysan, un genre littéraire qui incite les gens à ne pas émigrer et qui est en quelque sorte la première manifestation de l'idéologie de la survivance et du terroir. *La terre paternelle* raconte l'histoire d'une famille dont le père aime la terre, et dont la mère accomplit ses devoirs

1. Paul WYCZYNSKI. *François-Xavier Garneau. Aspects littéraires de son œuvre*, Ottawa, Éditions de l'Université d'Ottawa, « Visage des lettres canadiennes », 1966, 199 p.
2. *Le petit Albert* est un ensemble de recettes alchimiques permettant de trouver des trésors ou de concocter divers philtres, à condition de disposer des ingrédients nécessaires (main de pendu, grosses dents de loup abattu en courant, etc.).

familiaux et religieux, pendant que les fils se laissent tenter par le luxe et l'aventure. Dans cette œuvre à la fois brève, maladroite et moralisatrice, Lacombe entend démontrer que seul le bon cultivateur peut trouver le bonheur. L'observation des us et coutumes de la vie rurale y est plutôt réussie. L'objectif de Lacombe est de peindre l'enfant de la terre et de laisser aux vieux pays leurs romans ensanglantés. *La terre paternelle* illustre parfaitement la littérature du terroir, un genre qui va perdurer encore pendant un siècle.

Dans la foulée de ce premier roman paysan, *Charles Guérin*, de Pierre-Joseph-Olivier Chauveau (1820-1890), et *Jean Rivard*, d'Antoine Gérin-Lajoie (1824-1882), connaissent également un certain succès. Les deux textes gravitent autour du concept de paroisse.

Mais le texte le plus important de l'époque est assurément *Les anciens Canadiens*, que Philippe Aubert de Gaspé père (1786-1871), seigneur de Saint-Jean-Port-Joli, publie à 77 ans après avoir largement contribué au livre de son fils. À la fois roman de

Auteur inconnu. *Saint Isidore*.
Musée Louis-Hémon, Péribonka, Québec.

mœurs et roman historique, l'ouvrage sera réédité de nombreuses fois. L'auteur conclut par ces mots : « Adieu donc aussi, cher lecteur, avant que ma main, plus froide que nos hivers du Canada, refuse de tracer mes pensées[1]. »

Le livre raconte les faits et gestes de deux personnages, un Canadien et un Écossais, qui nouent une solide amitié dès leurs années de collège à Québec. Lors du conflit de 1759 qui conduira à la défaite française, les deux protagonistes, Jules et Archibald, doivent s'affronter sur le champ de bataille. Plus tard, alors que Jules épouse une Anglaise, sa sœur refuse sa main au jeune Écossais, alors qu'elle l'aime, afin de ne pas trahir les siens.

---

1. Philippe AUBERT DE GASPÉ père. *Les anciens Canadiens*, Ottawa, Beauchemin, 1899, p. 209.

ŒUVRE

Philippe Aubert de Gaspé père (1786-1871)

Les anciens Canadiens

— Maintenant, reprit Arché, que nous avons évoqué tant d'agréables souvenirs, asseyons-nous sur ce tertre où nous nous sommes jadis reposés tant de fois, et parlons de choses plus sérieuses. Je suis décidé à
5 me fixer au Canada; j'ai vendu dernièrement un héritage que m'a légué un de mes cousins. Ma fortune, quoique médiocre en Europe, sera considérable, appliquée dans cette colonie, où j'ai passé mes plus beaux jours, où je me propose de vivre et de mourir auprès de mes amis. Qu'en dites-vous, Blanche?

10 — Rien au monde ne pourra nous faire plus de plaisir. Oh! que Jules, qui vous aime tant, sera heureux! combien nous serons tous heureux!

— Oui, très heureux, sans doute; mais mon bonheur ne peut être parfait, Blanche, que si vous daignez y mettre le comble en acceptant ma main. Je vous ai...

15 La noble fille bondit comme si une vipère l'eût mordue; et, pâle de colère, la lèvre frémissante, elle s'écria:

— Vous m'offensez, capitaine Archibald Cameron de Locheill! Vous n'avez donc pas réfléchi à ce qu'il y a de blessant, de cruel dans l'offre que vous me faites! Est-ce lorsque la torche incendiaire que vous et les vôtres avez promenée sur
20 ma malheureuse patrie, est à peine éteinte, que vous me faites une telle proposition? Est-ce lorsque la fumée s'élève encore de nos masures en ruine que vous m'offrez la main d'un des incendiaires? Ce serait une ironie bien cruelle que d'allumer le flambeau de l'hyménée aux cendres fumantes de ma malheureuse patrie! On dirait, capitaine de Locheill, que, maintenant riche,
25 vous avez acheté avec votre or la main de la pauvre fille canadienne; et jamais une d'Haberville ne consentira à une telle humiliation. Oh! Arché! Arché! Je n'aurais jamais attendu cela de vous, de vous, l'ami de mon enfance! Vous n'avez pas réfléchi à l'offre que vous me faites.

Et Blanche, brisée par l'émotion, se rassit en sanglotant.

30 Jamais la noble fille canadienne n'avait paru si belle aux yeux d'Arché qu'au moment où elle rejetait, avec un superbe dédain, l'alliance d'un des conquérants de sa malheureuse patrie[1].

Au-delà de l'intrigue amoureuse et des multiples péripéties, tout est ici prétexte à la reconstitution d'une époque, avec ce que cela implique de souvenirs personnels ou collectifs, ce qui fait dire à Hector Fabre, journaliste de ce temps:

---

1. *Ibid.*, p. 179-180.

« Remercions le noble vieillard, qui est le plus jeune de nos écrivains, de nous avoir rendu ce qu'il a vu durant sa longue carrière, avec un tel aspect de vérité, un entrain si rare[1]. »

Mais Philippe Aubert de Gaspé père fait aussi paraître, trois ans plus tard, un autre excellent livre: ses *Mémoires*. Cette fois, il s'agit tout simplement de l'histoire de sa vie, depuis sa prime enfance. C'est aussi un précieux témoignage sur les relations entre Français et Anglais ainsi que sur le régime seigneurial en vigueur pendant ces années.

Autre grand romancier de l'époque, Georges Boucher de Boucherville (1814-1894) se fait remarquer par *Une de perdue, deux de trouvées*, une œuvre très originale, qui s'ouvre plus que les précédentes sur le monde. Il insuffle un vent de fraîcheur sur les idées philosophiques et sociales de l'époque. Pour alimenter cet imposant roman qu'il commence à faire paraître en feuilletons dans des journaux ou des revues, il s'appuie sur les nombreuses données historiques et livresques dont il dispose et sur les souvenirs de son exil en Louisiane, où il s'est réfugié après avoir été arrêté et accusé en 1837 de haute trahison pour avoir frayé avec les Patriotes.

Une de perdue, deux de trouvées évoque notre histoire. On y suit les aventures de Pierre de Saint-Luc, héritier, dès le chapitre premier, de la fortune colossale du plus riche négociant de la Nouvelle-Orléans, qui comprend notamment « cinq millions de piastres ». Avec son fidèle Trim, le jeune capitaine se retrouve entre autres à Cuba et à Montréal pendant la Rébellion de 1837. L'œuvre foisonne d'idées originales, notamment à propos de l'esclavage.

François Malépart de Beaucourt (1740-1794). *La négresse* (1786). Musée McCord, Montréal, Québec.

---

1. Réginald HAMEL, John HARE et Paul WYCZYNSKI. *Dictionnaire des auteurs de langue française en Amérique du Nord*, Montréal, Fides, 1989, p. 42.

Georges Boucher de Boucherville (1814-1894)

Une de perdue, deux de trouvées

Trim, se relevant au bout de quelques instants, se croisa les bras sur la poitrine; la tête penchée en avant, les yeux fixes et immobiles, il se mit à contempler les restes défigurés de son maître. Ses yeux ne
5   pleuraient plus, sa bouche ne faisait plus entendre de sanglots, sa poitrine ne se soulevait plus aux battements de son cœur; on aurait dit la personnification de la douleur et du désespoir ! Tout à coup la figure de Trim s'anime, ses yeux brillent, ses narines se dilatent : il a cru remarquer que le corps est moins long que celui de son maître ! les jambes et les
10   pieds affreusement enflés ne sont pas trop à la gêne dans les pantalons et les bottes ! Ceci peut-être ne prouve rien; mais Trim sait que le petit doigt du pied gauche de son maître avait été coupé dès son enfance. – Il ôte la botte, arrache le chausson ; tous les doigts du pied sont entiers ! Trim laissa échapper un cri de joie, mais il craignit de laisser apercevoir les soupçons qui entraient
15   dans son esprit, et il dissimula du mieux qu'il put les sentiments qu'il éprouvait. Il quitta le cadavre, et reprit d'un pas pressé le chemin de la ville.

Trim était convaincu que le cadavre du noyé n'était pas celui de son maître; mais comment se trouvait-il vêtu de toutes ses hardes ? Par qui cet acte avait-il été commis ? Dans quel but ? Qu'était devenu son maître, qui n'était pas revenu
20   depuis son débarquement ? Il y avait là quelque chose de mystérieux et de bien inquiétant. Peut-être que son maître était en ce moment victime de quelque horrible complot ? Peut-être avait-il été assassiné, ou expirait-il sous le couteau de quelque bandit ou dans d'affreuses tortures ? Il y avait de quoi faire tourner la tête de Trim. Mille idées confuses, discordantes, noires, épouvantables se
25   présentaient à l'esprit du pauvre esclave, ce fidèle serviteur de Pierre.

— Oh ! mon tête, mon tête, criait Trim, et il se pressait le front de ses deux mains ; moué venir fou, fou, fou ! et il se mettait à courir afin de se rendre plus vite à bord du Zéphyr[1].

Dans sa présentation d'*Une de perdue, deux de trouvées*, Réginald Hamel écrit : « Boucher de Boucherville consacre une large part de la fin de son roman à décrire les conditions sociales des esclaves de la Nouvelle-Orléans et à proposer quelques solutions politiques pour remédier à leurs misères collectives. [...] La fin du régime seigneurial signifie pour de Boucherville une perte assez considérable de revenus, sans compter tout le prestige qu'entourait une telle position dans la société canadienne-française. Bref, c'est en adoptant des idées modérément libérales à l'endroit de

---

1. Georges BOUCHER DE BOUCHERVILLE. *Une de perdue, deux de trouvées*, Présentation de Réginald Hamel, Montréal, Hurtubise HMH, « Cahiers du Québec », 1973, p. 144-145.

l'esclavage (et par voie de conséquence à l'égard du régime seigneurial) que Boucher de Boucherville se prépare auprès des conservateurs une candidature politique fort rémunératrice[1]. »

Le roman n'est pas l'apanage des hommes à la fin du XIXᵉ siècle. Quelques femmes se distinguent également. Citons notamment le *Journal* de Fadette, adolescente de Saint-Hyacinthe dont le vrai nom est Henriette Dessaulles (1860-1946), dans lequel l'auteure oscille entre le quotidien et son amour pour un garçon. De ce journal, dès le début, elle dit : « Il reçoit mes confidences sans me donner de conseils[2]. » Évoquons également le roman psychologique et autobiographique *Angéline de Montbrun*, de Laure Conan, pseudonyme de Félicité Angers (1845-1924). À l'époque, les femmes ne peuvent signer de leur vrai nom et elles sont parfois amenées à se censurer. Alors qu'elle écrit : « Puisque Dieu a commencé qu'il achève de me briser » dans l'édition originale d'*Angéline de Montbrun*, Laure Conan se censure ensuite : « Dieu m'a fait grâce de ne jamais murmurer. »

DOCUMENTAIRE

ENCADRÉ

La révolte des Métis

Quand elle entre en vigueur, en 1867, la Confédération canadienne ne provoque pas l'euphorie populaire. L'adhésion du Québec est en grande partie l'œuvre du clergé, qui tient à maintenir une alliance cléricale-conservatrice plutôt fragile. Mais le mécontentement est beaucoup plus grand au Manitoba, dont on veut faire une province du nouveau *dominion*. Les 10 000 Métis de la Rivière-Rouge, francophones et catholiques, voient leurs droits linguistiques, religieux et territoriaux bafoués par les autorités. Les Métis se révoltent sous l'autorité de Louis Riel. Ils occupent Fort Garry (Winnipeg) et exécutent un aventurier anglais. Après la défaite, Riel fuit aux États-Unis mais revient en 1885 pour prendre la direction d'un nouveau soulèvement en Saskatchewan. Vaincu, il se rend, puis est jugé et pendu pour haute trahison. « Le jury n'avait été composé que d'Anglais. Québec fut indigné de ce traitement. [...] Mais l'Ontario réclamait sa mort à grands cris[3]. »

F. W. Curzon (1862-1890). *La prise de Batoche*. Musée McCord, Montréal, Québec.

---

1. *Ibid.*, p. 12-13.
2. FADETTE. *Journal d'Henriette Dessaulles. 1874-1880*, Montréal, Hurtubise HMH, 1971, p. 21.
3. Joseph RUTCHÉ et Anastase FORGET. *Précis d'histoire du Canada*, Montréal, Beauchemin, 1932, p. 256.

De fascinants contes et récits

Très souvent issus de la tradition orale, les contes et les récits du XIXᵉ siècle sont tout bonnement fascinants. Ils recourent à tout ce que l'imagerie catholique contient de revenants, de loups-garous, de diables, de spectres et de marionnettes, et le choix de contes et de récits est vaste, puisqu'ils paraissent dans les journaux et les revues. Mais la religion n'est pas leur seule source d'inspiration.

«Outre le Diable, l'ennemi juré du Canadien français tel qu'il se manifeste dans la tradition orale, c'est l'Anglais, l'étranger protestant. Des héros seront façonnés par la force amplificatrice de la légende. Louis Cyr n'était pas simplement un homme fort. Alors qu'il arborait fièrement un taureau sur ses épaules, tel Atlas portant ciel et monde sur son dos, il soulevait plutôt symboliquement sa nation entière. Ses exploits ne donnaient pas seulement une mesure de sa force, ils prouvaient à la face du monde, et surtout à celle des Anglais, que la race canadienne-française était tissée de cœur et de sueur[1].»

Il faut tout d'abord évoquer les contes de Louis Fréchette (1839-1908). Celui-ci ne publie que deux volumes de contes et récits de son vivant, dont le remarquable *Originaux et détraqués,* où figurent les portraits de douze Canadiens français qui sont autant de nos archétypes. Quant au recueil *Contes de Jos Violon,* ce sont plutôt diables, lutins et marionnettes qui hantent ses pages.

Les autres bons conteurs de l'époque sont surtout Joseph-Charles Taché (1820-1894), avec *Forestiers et voyageurs,* et Henri-Édouard Faucher de Saint-Maurice (1844-1897), avec *À la brunante* et *À la veillée.* Le récit de Faucher intitulé «Belle aux cheveux blonds» raconte l'histoire d'étudiants en médecine de McGill qui exhument en cachette un cadavre dans le cimetière de Verchères afin de le disséquer. Dans un suspense intenable, on y voit l'«énorme cruche de Molson[2]» côtoyer la folie la plus subite et cruelle.

Enfin, Honoré Beaugrand (1848-1906) donne sa version de *La chasse-galerie*: à la suite d'un pacte conclu avec le Diable, des hommes de chantier embarquent dans un canot d'écorce voguant dans le ciel pour aller retrouver leurs «blondes».

Henri Julien (1852-1908). *La chasse-galerie* (1906). Huile sur toile, 53,5 × 66,5 cm. Collection: Musée national des beaux-arts du Québec (34.254), Québec, Québec.

---

1. Annik-Corona OUELLETTE et Alain VÉZINA. *Contes et légendes du Québec*, Montréal, Beauchemin, «Parcours d'une œuvre», 2006, p. 9.
2. Henri-Édouard FAUCHER DE SAINT-MAURICE. *À la brunante*, Présentation de Serge Provencher, Montréal, Bibliothèque québécoise, 1998, p. 79.

Honoré Beaugrand (1848-1906)

ŒUVRE

La chasse-galerie

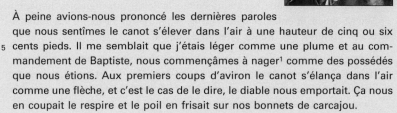

III

Acabris! Acabras! Acabram!
Fais-nous voyager par-dessus les montagnes!

À peine avions-nous prononcé les dernières paroles
que nous sentîmes le canot s'élever dans l'air à une hauteur de cinq ou six
5 cents pieds. Il me semblait que j'étais léger comme une plume et au commandement de Baptiste, nous commençâmes à nager[1] comme des possédés
que nous étions. Aux premiers coups d'aviron le canot s'élança dans l'air
comme une flèche, et c'est le cas de le dire, le diable nous emportait. Ça nous
en coupait le respire et le poil en frisait sur nos bonnets de carcajou.

10 Nous filions plus vite que le vent. Pendant un quart d'heure, environ, nous
naviguâmes au-dessus de la forêt sans apercevoir autre chose que les bou-
quets des grands pins noirs. Il faisait une nuit superbe et la lune, dans son
plein, illuminait le firmament comme un beau soleil du midi. Il faisait un froid
du tonnerre et nos moustaches étaient couvertes de givre, mais nous étions
15 cependant tous en nage. Ça se comprend aisément puisque c'était le diable
qui nous menait et je vous assure que ce n'était pas sur le train de la *Blanche*[2].
Nous aperçûmes bientôt une éclaircie, c'était la Gatineau dont la surface
glacée et polie étincelait au-dessous de nous comme un immense miroir. Puis,
p'tit-à-p'tit nous aperçûmes des lumières dans les maisons d'habitants; puis
20 des clochers d'églises qui reluisaient comme des baïonnettes de soldats,
quand ils font l'exercice sur le champ de Mars de Montréal. On passait ces
clochers aussi vite qu'on passe les poteaux de télégraphe, quand on voyage
en chemin de fer. Et nous filions toujours comme tous les diables, passant
par-dessus les villages, les forêts, les rivières et laissant derrière nous comme
25 une traînée d'étincelles. C'est Baptiste, le possédé, qui gouvernait, car il
connaissait la route et nous arrivâmes bientôt à la rivière des Outaouais qui
nous servit de guide pour descendre jusqu'au lac des Deux-Montagnes.

— Attendez un peu, cria Baptiste. Nous allons raser Montréal et nous allons
effrayer les coureux qui sont encore dehors à c'te heure cite. Toi, Joe! là, en
30 avant, éclaircis-toi le gosier et chante-nous une chanson sur l'aviron.

En effet, nous apercevions déjà les mille lumières de la grande ville, et Baptiste,
d'un coup d'aviron, nous fit descendre à peu près au niveau des tours de
Notre-Dame. J'enlevai ma chique pour ne pas l'avaler, et j'entonnai à tue-tête
cette chanson de circonstance que tous les canotiers répétèrent en chœur:

35   Mon père n'avait fille que moi,
        Canot d'écorce qui va voler,
        Et dessus la mer il m'envoie:
        Canot d'écorce qui vole, qui vole,
        Canot d'écorce qui va voler! [...]

---

1. Ramer.
2. Lentement.

IV

40 Bien qu'il fût près de deux heures du matin, nous vîmes des groupes s'arrêter dans les rues pour nous voir passer, mais nous filions si vite qu'en un clin d'œil nous avions dépassé Montréal et ses faubourgs, et alors je commençai à compter les clochers : la Longue-Pointe, la Pointe-aux-Trembles, Repentigny, Saint-Sulpice, et enfin les deux flèches argentées de Lavaltrie qui dominaient
45 le vert sommet des grands pins du domaine.

— Attention ! vous autres, nous cria Baptiste. Nous allons atterrir à l'entrée du bois, dans le champ de mon parrain, Jean-Jean Gabriel, et nous nous rendrons ensuite à pied pour aller surprendre nos connaissances dans quelque fricot[1] ou quelque danse du voisinage.

50 Qui fut dit fut fait, et cinq minutes plus tard notre canot reposait dans un banc de neige à l'entrée du bois de Jean-Jean Gabriel ; et nous partîmes tous les huit à la file pour nous rendre au village. Ce n'était pas une mince besogne car il n'y avait pas de chemin battu et nous avions de la neige jusqu'au califourchon. Baptiste, qui était plus effronté que les autres, s'en alla frapper à la porte de
55 la maison de son parrain où l'on apercevait encore de la lumière, mais il n'y trouva qu'une fille *engagère* qui lui annonça que les vieilles gens étaient à un *snaque* chez le père Robillard, mais que les farauds[2] et les filles de la paroisse étaient presque tous rendus chez Batissette Augé, à la Petite-Misère, en bas de Contrecoeur, de l'autre côté du fleuve, là où il y avait un rigodon du jour de l'An.

60 — Allons au rigodon, chez Batissette Augé, nous dit Baptiste, on est certain d'y rencontrer nos blondes.

— Allons chez Batissette !

Et nous retournâmes au canot, tout en nous mettant mutuellement en garde sur le danger qu'il y avait de prononcer certaines paroles et de prendre un
65 coup de trop, car il fallait reprendre la route des chantiers et y arriver avant six heures du matin, sans quoi nous étions flambés comme des carcajous, et le diable nous emportait au fin fond des enfers.

Acabris ! Acabras ! Acabram !
Fais-nous voyager par-dessus les montagnes !

70 cria de nouveau Baptiste. Et nous voilà repartis pour la Petite-Misère, en naviguant en l'air comme des renégats que nous étions tous. En deux tours d'aviron, nous avions traversé le fleuve et nous étions rendus chez Batissette Augé dont la maison était tout illuminée. On entendait vaguement, au dehors, les sons du violon et les éclats de rire des danseurs dont on voyait les ombres
75 se trémousser, à travers les vitres couvertes de givre. Nous cachâmes notre canot derrière les tas de bourdillons qui bordaient la rive, car la glace avait refoulé, cette année-là.

---

1. Repas de fête.
2. Garçons qui cherchent à séduire les filles.

— Maintenant, nous répéta Baptiste, pas de bêtises, les amis, et attention à vos paroles. Dansons comme des perdus, mais pas un seul verre de Molson, 80 ni de jamaïque, vous m'entendez! Et au premier signe, suivez-moi tous, car il faudra repartir sans attirer l'attention.

Et nous allâmes frapper à la porte.

V

Le père Batissette vint ouvrir lui-même et nous fûmes reçus à bras ouverts 85 par les invités que nous connaissions presque tous.

Nous fûmes d'abord assaillis de questions :

— D'où venez-vous ?

— Je vous croyais dans les chantiers !

— Vous arrivez bien tard !

90 — Venez prendre une larme !

Ce fut encore Baptiste qui nous tira d'affaire en prenant la parole :

— D'abord, laissez-nous nous décapoter et puis ensuite laissez-nous danser. Nous sommes venus exprès pour ça. Demain matin, je répondrai à toutes vos questions et nous vous raconterons tout ce que vous voudrez.

95 Pour moi j'avais déjà reluqué Liza Guimbette qui était faraudée par le p'tit Boisjoli de Lanoraie. Je m'approchai d'elle pour la saluer et pour lui demander l'avantage de la prochaine qui était un *reel* à quatre. Elle accepta avec un sourire qui me fit oublier que j'avais risqué le salut de mon âme pour avoir le plaisir de me trémousser et de battre des ailes de pigeon[1] en sa compagnie. 100 Pendant deux heures de temps, une danse n'attendait pas l'autre et ce n'est

Henri Julien (1852-1908). *Le rigodon chez Batissette Augé*. Illustration pour la *Chasse-galerie*, conte d'Honoré Beaugrand (1892). Collection : Musée national des beaux-arts du Québec (34.603), Québec, Québec.

1. Danser.

pas pour me vanter si je vous dis que dans ce temps-là, il n'y avait pas mon
pareil à dix lieues à la ronde pour la gigue simple ou la voleuse. Mes camarades, de leur côté, s'amusaient comme des lurons, et tout ce que je puis
105 vous dire, c'est que les garçons d'habitants étaient fatigués de nous autres,
lorsque quatre heures sonnèrent à la pendule. J'avais cru apercevoir Baptiste
Durand qui s'approchait du buffet où les hommes prenaient des nippes de
whisky blanc, de temps en temps, mais j'étais tellement occupé avec ma partenaire que je n'y portai pas beaucoup d'attention. Mais maintenant que
110 l'heure de remonter en canot était arrivée, je vis clairement que Baptiste avait
pris un coup de trop et je fus obligé d'aller le prendre par le bras pour le faire
sortir avec moi en faisant signe aux autres de se préparer à nous suivre sans
attirer l'attention des danseurs. Nous sortîmes donc les uns après les autres
sans faire semblant de rien et, cinq minutes plus tard, nous étions remontés
115 en canot, après avoir quitté le bal comme des sauvages, sans dire bonjour à
personne : pas même à Liza que j'avais invitée pour danser un *foin*. J'ai toujours pensé que c'était cela qui l'avait décidée à me trigauder[1] et à épouser
le petit Boisjoli sans même m'inviter à ses noces, la bougresse. Mais pour
revenir à notre canot, je vous avoue que nous étions rudement embêtés de
120 voir que Baptiste Durand avait bu un coup car c'était lui qui nous gouvernait
et nous n'avions juste que le temps de revenir au chantier pour six heures du
matin, avant le réveil des hommes qui ne travaillaient pas le jour du jour de
l'An. La lune était disparue et il ne faisait plus aussi clair qu'auparavant et ce
n'est pas sans crainte que je pris ma position à l'avant du canot, bien décidé à
125 avoir l'œil sur la route que nous allions suivre[2].

L'ÉCLOSION DE LA POÉSIE

Non seulement Louis Fréchette est-il un conteur réputé, mais il est aussi le premier poète national. Surnommé « Victor Hugo le Petit » par un de ses rivaux,
William Chapman (1850-1917), il prend dans le cœur des gens la relève d'Octave
Crémazie (1827-1879), auteur de poèmes souvent patriotiques et guerriers, qui se
voulaient représentatifs du romantisme patriotique ultramontain.

La poésie de Fréchette, dont l'œuvre principale est *La légende d'un peuple,* a les
qualités et les défauts de la poésie de Victor Hugo, son modèle. En d'autres termes,
l'auteur abuse du grandiose, de l'hyperbole, du lyrisme, des grands sentiments, des
titans et de la « trompette farouche », pour reprendre une de ses expressions.

Parmi les autres poètes de cette époque, citons Albert Lozeau (1878-1924),
Pamphile Le May (1837-1918) et Nérée Beauchemin (1850-1931). Lozeau, alité,
souffre physiquement, ce qui se sent dans ses textes ; Beauchemin, médecin de

1. Tromper.
2. Honoré BEAUGRAND. *La chasse-galerie*, 1900.

Yamachiche, adhère pour sa part à la tradition française et catholique. Quant à la poésie de Le May, elle est marquée par le romantisme des années 1830, à moins qu'elle ne soit rustique ou intime, comme dans son sonnet « À mes enfants ».

Pamphile Le May (1837-1918)

À mes enfants

Vivre, enfants, c'est aimer et souffrir un instant.
Vous cherchez le plaisir et le plaisir vous lasse ;
De ses mailles de fer la douleur vous enlace ;
L'esprit est curieux et le cœur, inconstant.

5   Le spectacle du monde est souvent attristant.
Mainte fois le cœur chaud se heurte au cœur de glace.
L'intrigant mainte fois s'assied à votre place ;
L'un se gave au banquet, l'autre n'a qu'un restant.

Mais le travail est bon. Penchez votre front blême
10 Sur la glèbe maudite ou l'aride problème ;
Le travail est un bien et non un déshonneur.

Le succès vient toujours lorsque l'on persévère.
Enfants, n'ayez point peur de monter au calvaire,
L'épreuve fortifie... Ayez peur du bonheur[1].

En 1895, coup de théâtre : dans la foulée de l'idéal démocratique et républicain s'opposant au conservatisme, l'École littéraire de Montréal est fondée. Cet événement marque la fin d'une sorte de repli sur soi qui paralysait la littérature d'ici.

À ses débuts, l'École littéraire de Montréal rassemble quatre avocats, un graveur, deux journalistes, un médecin, un libraire, quelques étudiants, un notaire et un peintre, selon le poète Charles Gill (1871-1918), qui se réunissent au château Ramezay. Elle fait rapidement parler d'elle, car elle organise des séances publiques au cours desquelles on déclame des

D. André. *Château Ramezay, Montréal.*
Château Ramezay, Montréal, Québec.

poèmes. C'est lors d'une de ces soirées, en 1899, qu'Émile Nelligan (1879-1941) récite « La romance du vin », avant d'être porté en triomphe. C'est le début de l'idéalisme.

---

1. Pamphile LE MAY. *Les gouttelettes*, Québec, L'action catholique, 1937, p. 186.

COURANT LITTÉRAIRE L'IDÉALISME

> **Définition :** l'art doit être libre et privilégier l'universalisme.
>
> **Thèmes :** le « je », la vie intérieure, la subjectivité, l'esprit, l'introspection.
>
> **Genres :** la poésie et le roman.

Nelligan a assimilé Baudelaire, Verlaine, Rimbaud et toute la poésie européenne. Ces influences transparaissent dans ses poèmes, mais son œuvre demeure dans l'ensemble extrêmement originale. Dans son poème le plus célèbre, « Le vaisseau d'or », résonnent parfois quelques échos du « Bateau ivre », de Rimbaud, mais personne ne lui en tient vraiment rigueur. En effet, à l'instar de textes comme « Soir d'hiver », où Nelligan frôle la perfection formelle, ce sonnet émeut grandement, tout en étant prémonitoire.

Émile Nelligan (1879-1941)

La romance du vin

Tout se mêle en un vif éclat de gaîté verte.
Ô le beau soir de mai ! Tous les oiseaux en chœur,
Ainsi que les espoirs naguères à mon cœur,
Modulent leur prélude à ma croisée ouverte.

5 Ô le beau soir de mai ! le joyeux soir de mai !
Un orgue au loin éclate en froides mélopées ;
Et les rayons, ainsi que de pourpres épées,
Percent le cœur du jour qui se meurt parfumé.

Je suis gai ! je suis gai ! Dans le cristal qui chante,
10 Verse, verse le vin ! verse encore et toujours,
Que je puisse oublier la tristesse des jours,
Dans le dédain que j'ai de la foule méchante !

Je suis gai ! je suis gai ! Vive le vin et l'Art !...
J'ai le rêve de faire aussi des vers célèbres,
15 Des vers qui gémiront les musiques funèbres
Des vents d'automne au loin passant dans le brouillard.

C'est le règne du rire amer et de la rage
De se savoir poète et l'objet du mépris,
De se savoir un cœur et de n'être compris
20 Que par le clair de lune et les grands soirs d'orage !

Femmes ! je bois à vous qui riez du chemin
Où l'Idéal m'appelle en ouvrant ses bras roses ;
Je bois à vous surtout, hommes aux fronts moroses
Qui dédaignez ma vie et repoussez ma main !

25 Pendant que tout l'azur s'étoile dans la gloire,
    Et qu'un hymne s'entonne au renouveau doré,
    Sur le jour expirant je n'ai donc pas pleuré,
    Moi qui marche à tâtons dans ma jeunesse noire !

    Je suis gai ! je suis gai ! Vive le soir de mai !
30 Je suis follement gai, sans être pourtant ivre !...
    Serait-ce que je suis enfin heureux de vivre ;
    Enfin mon cœur est-il guéri d'avoir aimé ?

    Les cloches ont chanté ; le vent du soir odore...
    Et pendant que le vin ruisselle à joyeux flots,
35 Je suis si gai, si gai, dans mon rire sonore,
    Oh ! si gai, que j'ai peur d'éclater en sanglots[1] !

Soir d'hiver

    Ah ! comme la neige a neigé !
    Ma vitre est un jardin de givre.
    Ah ! comme la neige a neigé !
    Qu'est-ce que le spasme de vivre
5   À la douleur que j'ai, que j'ai !

    Tous les étangs gisent gelés,
    Mon âme est noire : Où vis-je ? où vais-je ?
    Tous mes espoirs gisent gelés :
    Je suis la nouvelle Norvège
10 D'où les blonds ciels s'en sont allés.

    Pleurez, oiseaux de février,
    Au sinistre frisson des choses,
    Pleurez, oiseaux de février,
    Pleurez mes pleurs, pleurez mes roses,
15 Aux branches du genévrier.

    Ah ! comme la neige a neigé !
    Ma vitre est un jardin de givre.
    Ah ! comme la neige a neigé !
    Qu'est-ce que le spasme de vivre
20 À tout l'ennui que j'ai, que j'ai[2] !...

À l'orée de ses vingt ans, sombrant « dans l'abîme du Rêve », pour reprendre la fin du « Vaisseau d'or », Émile Nelligan est interné à la Retraite Saint-Benoît, où il restera jusqu'en 1925, puis à l'hôpital psychiatrique Saint-Jean-de-Dieu, devenu depuis l'hôpital Louis-Hippolyte-Lafontaine. Un grand mythe est né.

1. Émile NELLIGAN. *Poésies complètes*, Ottawa, Fides, « Nénuphar », 1952, p. 198-199.
2. *Ibid.*, p. 82-83.

ENCADRÉ

DOCUMENTAIRE

L'omniprésence de la religion

Après 1837, inspirée par le mouvement ultramontain opposé aux Rouges, l'Église catholique augmente considérablement ses effectifs et assoit sa présence. La religion est partout. On compte une religieuse pour 150 fidèles. Dès la naissance, les rites se succèdent, comme le baptême ou «marcher au catéchisme». La vie quotidienne est rythmée par le catholicisme; les usages et les noms de lieux en sont imprégnés. La toponymie actuelle en garde d'ailleurs des traces, ce qui fait dire à l'historien Guy Laperrière: «Apparemment, tous les saints du paradis se sont donné rendez-vous sur la carte du Québec[1].»

SYNTHÈSE **Qui fait quoi?**

Les courants littéraires	Les œuvres et les auteurs
Le romantisme patriotique ultramontain Une littérature défendant le pays et les valeurs religieuses, par exemple le bien, le beau, le vrai et la vie.	Inspirés par François-Xavier Garneau et son *Histoire du Canada,* les auteurs suivants: l'abbé Jean-Baptiste-Antoine Ferland, l'abbé Henri-Raymond Casgrain et Jules-Paul Tardivel (1851-1905), qui a écrit le roman d'anticipation *Pour la patrie,* en 1895.
Le début du terroir Une littérature défendant l'agriculture comme la seule voie de l'avenir, avec des thèmes tels que le sol, les ancêtres, les traditions, la nature, la famille et la paroisse.	Patrice Lacombe, avec *La terre paternelle,* Pierre-Joseph-Olivier Chauveau, avec *Charles Guérin,* et Antoine Gérin-Lajoie, avec *Jean Rivard.*
L'idéalisme Un courant préconisant la liberté et l'universalité de l'art, et mettant de l'avant des thèmes comme le «je», la vie intérieure, la subjectivité, l'esprit et l'introspection.	Charles Gill, Émile Nelligan, les autres membres de l'École littéraire de Montréal et, plus tard, Jean-Charles Harvey, Hector de Saint-Denys Garneau et Anne Hébert.

1. Yves FRENETTE. *Brève histoire des Canadiens français*, Montréal, Boréal, 1998, p. 101.

Chapitre 3

La puissance et le déclin du terroir

Horatio Walker (1858-1938). *Labour aux premières lueurs du jour* (1900). Huile sur toile, 153 × 193,4 cm. Collection : Musée national des beaux-arts du Québec (34.530), Québec, Québec.

Au fil du temps

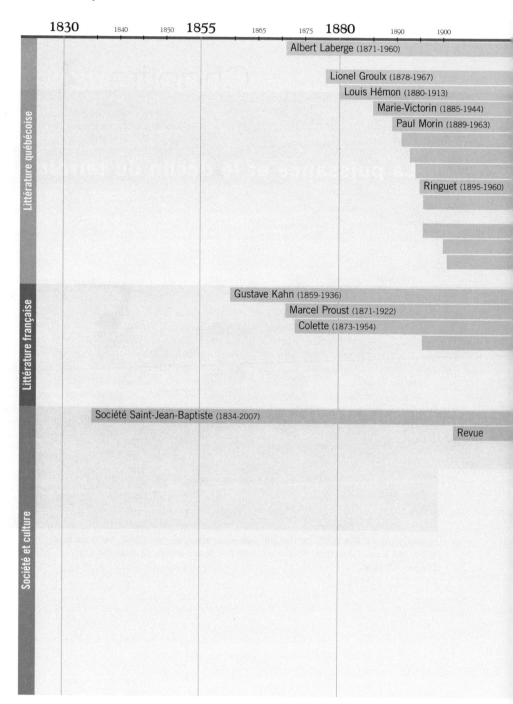

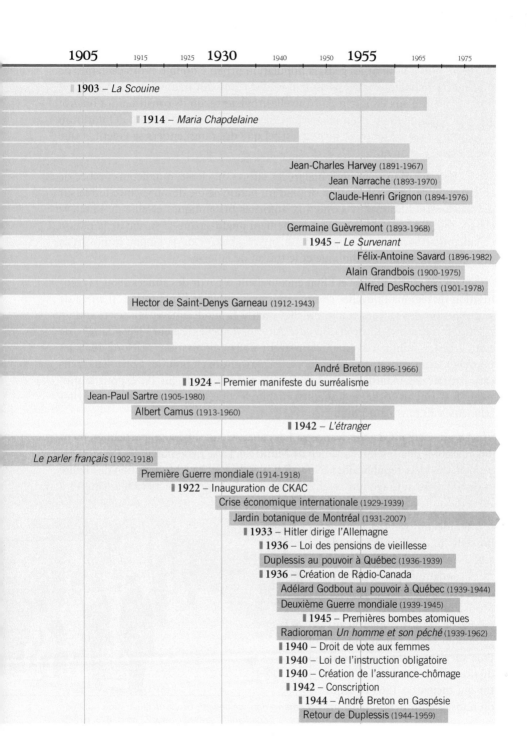

Le contexte sociohistorique (1850-1945)

Entre 1850 et 1900, le Québec traverse une crise économique. Les terres ne suffisent plus à nourrir les gens, la population urbaine double et des centaines de milliers de Canadiens français vont travailler dans des manufactures. Un grand nombre d'entre eux émigrent en Nouvelle-Angleterre, où ils constitueront bientôt 10 % de la population. D'autres partent dans des provinces comme l'Ontario ou le Manitoba, ou à Montréal. L'exode est tel que des rangs entiers se vident et que des paroisses ferment.

Cette migration se produit malgré les efforts du clergé, qui, depuis l'échec de la Rébellion de 1837, fait la promotion d'un nationalisme de survivance fondé sur des valeurs traditionnelles. Loyal aux autorités britanniques et allié de l'État, le clergé considère que, dans un environnement anglo-saxon, la survie de la nation canadienne-française passe par le repli sur soi, l'usage de la langue française, la pratique de la religion catholique et le travail de la terre.

Dans cet esprit, l'Église et l'État encouragent, à partir des années 1850, la colonisation de régions nouvelles comme moyen d'endiguer l'émigration. Il en va de la protection des valeurs traditionnelles contre la modernité et la société industrielle. Un personnage comme le curé Antoine Labelle, le « curé légendaire[1] » de Saint-Jérôme, milite avec énergie en faveur de la colonisation du Nord. Mais les nouvelles terres sont souvent impropres à l'agriculture et, pour les Canadiens français, l'attrait des manufactures et de la ville reste puissant. En 1922, pour la première fois, une majorité de Canadiens habite la ville, ce qui inquiète les autorités religieuses au plus haut point.

Le mouvement de survivance se heurte aussi aux libéraux, particulièrement aux membres de l'Institut canadien de Montréal. Là se rassemblent les Rouges, qui prônent des idées républicaines et anticléricales, favorables à la séparation de l'Église et de l'État, au suffrage universel, à l'annexion de la province aux États-Unis et à l'abolition du régime seigneurial ou de la dîme.

Fondé en 1844, l'Institut possède une bibliothèque de 8 000 volumes contenant des titres condamnés par la Congrégation de l'Index du Vatican. Monseigneur Ignace Bourget, évêque de Montréal, interdit aux catholiques d'en être membres. Puis survient l'affaire Guibord, du nom d'un membre de l'Institut qui meurt en 1869 et à qui on refuse l'inhumation dans un

L'enterrement de Joseph Guibord. Illustration publiée dans le *Canadian Illustrated News,* 27 nov. 1875, p. 345.

1. Élie-Joseph AUCLAIR. *Le curé Labelle. Sa vie et son œuvre*, Montréal, Beauchemin, 1930, p. 216.

cimetière catholique. Au bout de cinq ans, après une série d'appels judiciaires, la dépouille de Joseph Guibord passe d'une terre protestante à une terre catholique sous escorte policière, car les catholiques s'y opposent. Mais Bourget a le dernier mot : il déconsacre le lot où Guibord est inhumé. L'Institut canadien de Montréal ne survivra pas. Lorsque s'amorce la période 1900-1945, un conflit ouvert entre catholicisme et libéralisme perdure depuis un demi-siècle.

LES ROMANS DE LA TERRE

Au début des années 1900, le discours de la survivance traverse des œuvres littéraires qui mettent en valeur le terroir et les valeurs traditionnelles. « Là où peut-être la vie littéraire du Canada se manifeste avec le plus d'originalité, c'est dans les œuvres inspirées du terroir. [...] On est tout étonné d'y découvrir quelle somme de beauté littéraire autant que morale révèle la vie simple et pure des paysans, ceux d'aujourd'hui comme ceux d'autrefois », observe le chanoine Émile Chartier en 1933[1].

Joseph Légaré (1795-1855). *Le Canadien* (1833). Huile sur toile, 16,8 × 24 cm. Collection : Musée national des beaux-arts du Québec (72.43), Québec, Québec.

Le roman de la terre le plus célébré à l'époque est *Maria Chapdelaine*, écrit par le Français Louis Hémon (1880-1913), qui meurt un an avant que son livre ne soit publié. La critique française parle de chef-d'œuvre, et l'ouvrage est traduit dans une vingtaine de langues. La survivance a trouvé son symbole.

Cette histoire, où sont confrontés l'habitant et le coureur des bois – les deux grands types de Canadiens français –, témoigne de l'existence misérable de colons dans la région de Péribonka. Le livre montre aussi les choix difficiles qu'ils ont à faire, notamment préserver les us et coutumes de leurs ancêtres ou partir.

COURANT LITTÉRAIRE   LE TERROIR

Définition : une littérature défendant l'agriculture comme la seule voie de l'avenir.

Thèmes : le sol, les ancêtres, les traditions, la nature, la famille, la paroisse.

Genres : le roman, la poésie et le récit.

---

1. SŒURS DE SAINTE-ANNE. *Précis d'histoire des littératures française, canadienne-française, étrangères et anciennes*, Lachine, Procure des Missions des Sœurs de Sainte-Anne, 1933, p. 321.

« C'est l'éternel malentendu des deux races : les pionniers et les sédentaires, les paysans venus de France qui avaient continué sur le sol nouveau leur idéal d'ordre et de paix immobile, et ces autres paysans, en qui le vaste pays sauvage avait réveillé un atavisme lointain de vagabondage et d'aventure[1]. » D'autres voix s'élèvent aussi, dont la voix du pays, laquelle guide le personnage de Maria.

Louis Hémon (1880-1913)

Maria Chapdelaine

Alors une troisième voix plus grande que les autres s'éleva dans le silence : la voix du pays de Québec, qui était à moitié un chant de femme et à moitié un sermon de prêtre. [...]

5   Elle disait :

« Nous sommes venus il y a trois cents ans, et nous sommes restés... Ceux qui nous ont menés ici pourraient revenir parmi nous sans amertume et sans cha-
10   grin, car s'il est vrai que nous n'ayons guère appris, assurément nous n'avons rien oublié.

« Nous avions apporté d'outre-mer nos prières et nos chansons : elles sont tou-
15   jours les mêmes. Nous avions apporté dans nos poitrines le cœur des hommes de notre pays, vaillant et vif, aussi prompt à la pitié qu'au rire, le cœur le plus humain de tous les cœurs humains : il n'a pas
20   changé. Nous avons marqué un pan du continent nouveau, de Gaspé à Montréal, de Saint-Jean-d'Iberville à l'Ungava, en disant : ici toutes les choses que nous avons apportées avec nous, notre culte,
25   notre langue, nos vertus et jusqu'à nos faiblesses deviennent des choses sacrées, intangibles et qui devront demeurer jusqu'à la fin.

« Autour de nous des étrangers sont
30   venus, qu'il nous plaît d'appeler les bar-bares ; ils ont pris presque tout le pouvoir ;

Marc-Aurèle de Foy Suzor-Côté (1869-1937). *Maria au râteau* (illustration pour *Maria Chapdelaine* de Louis Hémon) (1916). Fusain sur papier, 48,2 × 31,7 cm. Collection : Musée national des beaux-arts du Québec (34.94), Québec, Québec.

---

1. Louis HÉMON. *Maria Chapdelaine*, Paris, Bernard Grasset, « Le livre de poche », 1954, p. 47.

ils ont acquis presque tout l'argent; mais au pays de Québec rien n'a changé. Rien ne changera, parce que nous sommes un témoignage. De nous-mêmes et de nos destinées, nous n'avons compris clairement que ce devoir-là: per-
35 sister... nous maintenir... Et nous nous sommes maintenus, peut-être afin que dans plusieurs siècles encore le monde se tourne vers nous et dise: Ces gens sont d'une race qui ne sait pas mourir... Nous sommes un témoignage.

« C'est pourquoi il faut rester dans la province où nos pères sont restés, et vivre comme ils ont vécu, pour obéir au commandement inexprimé qui s'est
40 formé dans leurs cœurs, qui a passé dans les nôtres et que nous devrons transmettre à notre tour à de nombreux enfants: Au pays de Québec, rien ne doit mourir et rien ne doit changer[1]... »

Les romans *Un homme et son péché,* de Claude-Henri Grignon (1894-1976), *Menaud, maître-draveur,* de Félix-Antoine Savard (1896-1982), et *Trente arpents,* de Ringuet (1895-1960), sont de la même encre et méritent aussi d'être lus. Le premier devient d'ailleurs le plus écouté des radioromans qui suivront, avec ses personnages extraordinaires comme Séraphin Poudrier et sa femme Donalda, avant de donner naissance à trois longs métrages et à un téléroman qui marquera la télévision d'ici: *Les belles histoires des pays d'en haut.*

De l'avis de plusieurs, *Le Survenant,* de Germaine Guèvremont (1893-1968), serait supérieur aux titres cités précédemment. Un soir d'automne, au Chenal-du-Moine, dans la belle région de Sorel, un inconnu frappe à la porte des Beauchemin, des cultivateurs. Le père Didace lui offre à souper. Le « Grand-dieu-des-routes » devient ensuite l'« homme engagé », c'est-à-dire qu'on lui offre l'hospitalité en échange de son travail. Il bouleverse la routine de ce petit coin du monde figé dans les habitudes, en plus d'attirer l'attention des filles, dont celle d'Angélina Desmarais, la voisine qui boite.

Marc-Aurèle Fortin (1888-1970). *Étude, vieille maison, Sainte-Rose* (v. 1930). Collection particulière.

---

1. *Ibid.,* p. 239-241.

Germaine Guèvremont (1893-1968)

Le Survenant

Aux yeux d'Angélina, le Survenant exprimait le jour
et la nuit: l'homme des routes se montrait un bon
travaillant capable de chaude amitié pour la terre;
l'être insoucieux, sans famille et sans but, se révélait
5 un habile artisan de cinq ou six métiers. La première
fois qu'Angélina sentit son cœur battre pour lui, elle
qui s'était tant piquée d'honneur de ne pas porter en soi la folie des garçons,
se rebella. De moins en moins, chaque jour, cependant.

[...]

Bernadette Salvail s'offrit à l'aider et manœuvra pour servir le Survenant. Lui
10 tendant un verre, elle s'enhardit jusqu'à dire:

— Gageons, le Survenant, que vous jouez du piano! Je vois ça dans vos yeux.

— Sûrement.

— Chez Angélina, ils ont un harmonium, mais c'est de valeur: personne joue
jamais.

15 Le Survenant se tourna du côté d'Angélina:

— C'est la vérité qu'elle dit là?

— La franche vérité! Mais c'est un harmonium tout ancien qui doit avoir
besoin de se faire accorder: on l'a pas ouvert depuis la mort de ma mère.

— Faudra que j'arrête chez vous, à quelque détour.

20 Angélina crut mourir de joie.

Le Survenant tourna le dos aux femmes et se mit à causer avec les hommes,
laissant sa main étalée sur la table, près d'Angélina. Celle-ci regardait, sans
pouvoir en détacher ses yeux, cette grande main d'homme, déliée et puis-
sante, tout à la fois souple et forte, une main qui semblait douce au toucher
25 et en même temps ferme et blonde comme le cœur du chêne, une main
adroite à façonner de fins ouvrages, Angélina en était sûre. Sous la peau
détendue les veines saillaient; elles couraient en tous sens ainsi que de vigou-
reux rameaux échappés de la branche. L'infirme pensa: une telle main est un
bienfait à qui la possède et une protection pour la femme qui y enfermera sa
30 main. Quelqu'un passa la porte et la lumière de la lampe vacilla. Devant l'or
roux que la lueur alluma un instant au duvet des cinq doigts larges ouverts,
elle trouva que la main du Survenant ressemblait à une étoile[1].

---

1. Germaine GUÈVREMONT. *Le Survenant*, Montréal, Bibliothèque québécoise, 1990, p. 57-60.

L'une des répliques les plus importantes sort de la bouche du Survenant, vers la fin du livre: «Vous autres, vous savez pas ce que c'est d'aimer à voir du pays, de se lever avec le jour, un beau matin, pour filer seul, le pas léger, le cœur allègre, tout son avoir sur le dos. Non! Vous aimez mieux piétonner toujours à la même place, pliés en deux sur vos terres de petite grandeur, plates et cordées comme des mouchoirs de poche. Sainte-Bénite, vous aurez donc jamais rien vu de votre vivant[1]!»

Cette dose massive de rêve, d'ailleurs et d'exotisme injectée par ce bel inconnu annonce la fin du terroir. Après *Le Survenant,* rien ne sera plus comme avant.

«Plus qu'un homme, le Survenant est l'île de nostalgie, de déraison, d'inaccessible, d'inavouable – et pourtant d'humain – que chacun porte en soi. L'île perdue», note Germaine Guèvremont[2]. Mais c'est surtout, à n'en pas douter, un personnage résolument moderne.

LES CONTES ET RÉCITS DE LA TERRE

De 1900 à 1945, le Québec vit des moments difficiles, en particulier après la crise économique de 1929. L'effondrement de l'économie mondiale plonge le Canada dans dix ans de marasme. En 1933, un Canadien sur quatre est sans emploi et dépend de la charité publique. Ceux qui travaillent encore doivent accepter des salaires réduits. Parmi les mesures adoptées, citons les travaux publics qui donnent du travail aux chômeurs pour un salaire presque symbolique, et les coupons de rationnement qu'on échange contre les denrées de première nécessité. La crise amène à redéfinir le rôle de l'État, celui-ci mettant en place des mesures sociales: au Québec, on adopte la loi des pensions de vieillesse en 1936; à Ottawa, on crée l'assurance-chômage en 1940.

Les gens sont en général pauvres et peu instruits. Souvent, le seul livre qu'on retrouve dans les maisons est *L'almanach du peuple Beauchemin,* publié une fois l'an depuis 1869. Dans l'édition de 1934, qui compte 480 pages et se vend 25 sous, on trouve des centaines de publicités, dont celle qui vante la bière Molson, avec ce slogan: «La bière que votre arrière-grand-père buvait.» Suivent des informations

Clarence Gagnon (1881-1942).
Vieille femme à la lecture (1904).
Musée des beaux-arts de Montréal,
Montréal, Québec.

---

1. *Ibid.,* p. 190.
2. Germaine GUÈVREMONT. «Au pays du Survenant», *La revue moderne,* vol. 39, n° 1, mai 1957, p. 14.

sur divers sujets, allant des prévisions météorologiques jusqu'aux photos et aux biographies des personnalités disparues ou occupant un poste dans la hiérarchie religieuse et gouvernementale.

Si l'almanach qui traîne dans la cuisine révèle le peu de culture livresque de la population en général, on peut néanmoins trouver des personnes instruites, voire érudites. C'est notamment le cas des religieux. De nombreux ecclésiastiques prennent effectivement la plume et deviennent auteurs de contes et de récits, avec des résultats qui vont du meilleur au pire.

L'œuvre du frère Marie-Victorin (1885-1944) appartient à la première catégorie. Enseignant idéaliste et membre des Frères des écoles chrétiennes, il aborde sa carrière auprès des jeunes avec enthousiasme, comme il l'écrit dans son journal[1]. Docteur ès sciences de l'Université de Montréal, fondateur du Jardin botanique de Montréal, membre d'associations savantes et lauréat de multiples prix pour sa fameuse *Flore laurentienne,* il s'essaie aussi à l'occasion aux contes et aux récits, et ce, avec un réel bonheur.

Ses recueils *Récits laurentiens* et *Croquis laurentiens* renferment les textes d'un authentique écrivain. Le style est personnel et travaillé. L'être humain et la nature s'y soudent au point de ne parfois plus faire qu'un.

Dans «La corvée des Hamel», Marie-Victorin raconte l'histoire de Siméon Hamel, cultivateur de L'Ancienne-Lorette. Un soir, Siméon reçoit la visite de Charles Paradis, son voisin, qui lui demande de couper son orme avant qu'il n'arrive un accident. L'arbre, bien des fois centenaire, fait plus de dix mètres de circonférence «à hauteur d'homme». Marie, l'épouse de Siméon, écrit une lettre aux autres Hamel pour les inviter à la corvée. La mort dans l'âme, on se résigne à abattre l'orme. Puis, vers deux heures, haches et *godendards* s'attaquent au géant.

OEUVRE

Marie-Victorin (1885-1944)

La corvée des Hamel

Vers quatre heures, au moment où un nuage blanc lamé d'or passait sur le soleil, faisant taire le gazouillis dans la cime de l'orme, on entendit un craquement sourd. Le cercle des curieux s'élargit précipitamment.
5 Au bas, Siméon avait saisi la hache, et, fébrile, portait les derniers coups. L'immense amas de verdure s'inclina dans le ciel, lentement d'abord ; puis la chute s'accéléra et celui que les ouragans des siècles n'avaient pas ébranlé s'abattit sur le chemin et dans le champ voisin, s'y écrasa avec un bruit de tempête fait du bris des branches, du choc
10 menu des millions de feuilles, de cris et de battement d'ailes.

---

1. Frère MARIE-VICTORIN. *Mon miroir. Journaux intimes 1903-1920,* Montréal, Fides, 2004, 814 p.

Il y eut cette minute de stupeur et de silence recueilli que provoque toujours le spectacle de la grandeur tombée, puis l'on se mit à
15 l'œuvre pour débarrasser la route. On accepta les services des voisins. Les Hamel se répandirent dans la ramure et la besogne de mort continua, acharnée. À
20 mesure que l'ébranchage avançait, le cadavre de l'arbre devenait hideux ; dépouillées de leurs feuilles, les branches amputées dressaient contre le ciel mauve
25 d'énormes gestes de menace.

Le soir tombait et on alla souper. Marie alluma la lampe, et comme la route ne pouvait rester barrée pour le lendemain, jour
30 de marché, les hommes prirent des fanaux et retournèrent à l'ouvrage. Dans la nuit qui montait sans lune et étreignait toutes choses, le bruit des haches, le
35 grincement des *godendards* s'at-

Adrien Hébert (1890-1967). *Sans titre* (1909). Collection particulière.

taquant au tronc, le pas saccadé des chevaux tirant à la chaîne les énormes billes, les petites flammes qui couraient dans l'arbre, cette hâte, cet acharnement contre une chose morte et tombée, tout cela avait l'air d'un crime !...

[...]

Un mois après, le curé de L'Ancienne-Lorette recommanda aux prières de ses
40 paroissiens l'âme de Siméon Hamel, décédé à l'âge de soixante-dix ans. Marie le suivit de près. Ils dorment maintenant tous deux à côté des ancêtres, à l'ombre de l'église, tout au bord de l'*écorre* de la rivière. En vérité, l'homme et l'arbre avaient des racines communes dans la terre des Hamel !

Les humbles qui vivent tout près de la terre et n'écrivent pas, retournent à
45 elle tout entiers. Le peu qui reste d'eux tient à la maison qu'ils ont bâtie, aux choses qu'ils ont touchées, aux sillons qui leur ont donné le pain, aux arbres qui leur ont donné l'ombrage. Aussi la disparition de l'orme a-t-elle consacré l'oubli de tous les Hamel d'autrefois. Cependant, les jours de marché, quand les maraîchers de Saint-Augustin et de Bel-Air passent au petit jour, enveloppés
50 dans leurs *capots* gris, ils montrent à leurs enfants, du bout de leur fouet, ce qui reste de l'orme des Hamel[1].

1. Frère MARIE-VICTORIN. *Récits laurentiens*, Tournai, Casterman, 1919, p. 40-42.

L'abbé Lionel Groulx (1878-1967) est un autre de ces savants imposants qui s'illustrent dans les contes et récits de la terre. Historien comparable à François-Xavier Garneau (voir p. 22) tant par l'ampleur de sa vision que par l'influence de sa pensée, il enseigne notamment à l'Université de Montréal et produit une œuvre considérable.

Alliant esprit d'analyse et esprit de synthèse, Groulx intervient à un moment décisif de notre histoire et doit être jugé en conséquence, c'est-à-dire à la lumière d'une époque où notre survie est loin d'être assurée. Son objectif principal est de cultiver la fierté nationale à travers l'histoire, une histoire qui « s'étale sur une documentation abondante et, à notre sens, inattaquable[1] », note Olivar Asselin. Bref, Groulx a tout lu, tout analysé et tout synthétisé, ce dont bénéficie notamment son *Histoire du Canada français*.

Pour lui, l'histoire doit être une discipline dynamique qui restitue intégralement la vie. Elle ne doit pas conserver le passé à l'état de matière inerte, stérilisée, morte, mais être un multiplicateur des forces. En effet, selon Groulx, notre peuple ne peut avoir d'unité et de vigueur que si les actions des générations successives s'ajoutent et s'emboîtent sans cesse.

Ses romans, comme *L'appel de la race,* et ses contes et récits, comme *Les rapaillages,* révèlent un écrivain engagé dans la cause des Canadiens français, qui ont bien besoin que l'on milite en leur faveur. À l'instar de Marie-Victorin, Groulx intègre la langue de nos ancêtres à son œuvre avec un naturel qui tient de la réussite complète. L'abbé annonce du reste ses intentions on ne peut plus clairement en ouvrant ses *Rapaillages* par la phrase suivante : « Voici des croquis et des souvenirs que j'ai *rapaillés* le long des routes de chez nous[2]. »

Le récit « Les adieux de la Grise » est typique de l'art de Groulx. Dès le début de l'histoire, le père annonce aux enfants qu'il faut vendre la vieille jument, car il n'est pas sûr qu'elle puisse passer l'hiver. Groulx donne ensuite une description émouvante de ce qu'a été la vie de la jument au service de la famille, puis il brosse un tableau final et cruel. C'est le départ définitif, tandis que l'animal a tout compris : « le vent nous apporta un dernier hennissement, long, plaintif, déchirant comme un adieu. L'un des enfants, je ne sais plus lequel, se mit à pleurer. "Pauvre Grise !" dit l'aîné. "Pauvre vieille ! dit le père, c'est de valeur encore, à cet âge-là[3] !" »

DOCUMENTAIRE

ENCADRÉ

Le combat de la langue française

La survie de la langue française en Amérique du Nord est le fruit d'un dur combat que l'on mène aujourd'hui encore. Sans la loi 101, que serait-il arrivé ? La société Saint-Jean-Baptiste, fondée en 1834 par Ludger Duvernay et toujours active aujourd'hui, est le premier organisme de défense de la langue à voir le jour. Au

1. Olivar ASSELIN. *L'œuvre de l'abbé Groulx*, Montréal, Bibliothèque de L'Action française, 1923, p. 57.
2. Lionel GROULX. *Les rapaillages*, Montréal, Éditions de L'Action canadienne-française, 1916, p. 7.
3. *Ibid.*, p. 25.

cours de la période 1900-1945, d'autres initiatives viennent à la rescousse de la langue française, notamment la revue mensuelle *Le parler français* (1902-1918) – devenue depuis 1918 *Le Canada français* –, la Société du bon parler français au Canada (fondée en 1923) ainsi que les congrès de la langue française au Canada, auxquels nous sommes redevables. Bien sûr, il y a également l'action de tous ces individus, connus ou inconnus, tel Zacharie Lacasse, qui nous propose ces rimettes :

> « Que l'Anglais parle l'anglais, je l'écoute et l'admire,
> Que le Turc parle turc, je n'ai rien à redire.
> Mais que le Canadien, d'un sot orgueil rempli,
> Vienne nous annoncer qu'il veut parler – yankee.
> Rouge alors de colère, à ce fat je répète :
> Parle singe ou cheval, si tu veux, grosse bête[1] ! »

Des recueils de poèmes célèbres

La poésie du terroir est simple et prenante. Les auteurs de cette période sont cependant plus ou moins oubliés aujourd'hui. Le nom de Blanche Lamontagne (1889-1958), née aux Escoumins, mérite malgré tout d'être mentionné. Même si on ne la lit presque plus, cette auteure décrit avec finesse la vie rurale de ses compatriotes.

Alfred DesRochers (1901-1978) reste le plus connu des poètes de cette période. Ses ouvrages *L'offrande aux vierges folles* et *À l'ombre de l'Orford* lui valent long-temps une notoriété certaine. L'existence n'est toutefois pas toujours facile pour lui et les siens. Tour à tour correcteur d'épreuves, journaliste, membre des forces canadiennes, traducteur et artisan de la jeune télévision, DesRochers construit néanmoins une œuvre à la fois originale et réaliste, mais également empreinte d'un puissant lyrisme exprimant avec force la nature et des sentiments comme l'amour.

Tableaux de la vie paysanne, scènes de travail ou de réjouissances, regards sur les camps de bûcherons, les draveurs, les champs, les gestes robustes et les mots rudes, ses poèmes expriment aussi les sentiments avec délicatesse, comme dans « Élégies pour l'épouse en-allée », où amour et pays se rejoignent tout à fait (« Nous avons tellement associé nos âmes / À ce coin de pays dès que nous l'avons vu / Qu'il nous était comme un terroir ressouvenu / Où, voilà quarante ans passés, nous nous aimâmes[2] »).

Père de Clémence et « notre ancêtre en poésie », selon Gaston Miron, DesRochers a une tête inoubliable qui ne nuit pas à sa popularité, surtout à la fin de sa vie. En Estrie, un mont, une salle et un prix littéraire perpétuent son nom et sa mémoire, et le poème qui suit lui vaut un peu cette notoriété. « Je suis un fils déchu de race surhumaine » est le premier vers d'*À l'ombre de l'Orford,* au début de la partie qu'il intitule « Le cycle des bois et des champs ».

1. Victor-Lévy BEAULIEU. *Manuel de la petite littérature du Québec,* Montréal, L'aurore, 1974, p. 222-223.
2. Alfred DESROCHERS. *Œuvres poétiques,* Montréal, Fides, « Nénuphar », 1977, Tome I, p. 187.

Alfred DesRochers (1901-1978)

Liminaire

Je suis un fils déchu de race surhumaine,
Race de violents, de forts, de hasardeux,
Et j'ai le mal du pays neuf, que je tiens d'eux,
Quand viennent les jours gris que septembre ramène.

5 Tout le passé brutal de ces coureurs des bois :
Chasseurs, trappeurs, scieurs de long, flotteurs de cages,
Marchands aventuriers ou travailleurs à gages,
M'ordonne d'émigrer par en haut pour cinq mois.

Et je rêve d'aller comme allaient les ancêtres ;
10 J'entends pleurer en moi les grands espaces blancs,
Qu'ils parcouraient, nimbés de souffles d'ouragans,
Et j'abhorre comme eux la contrainte des maîtres.

Quand s'abattait sur eux l'orage des fléaux,
Ils maudissaient le val, ils maudissaient la plaine,
15 Ils maudissaient les loups qui les privaient de laine :
Leurs malédictions engourdissaient leurs maux.

Mais quand le souvenir de l'épouse lointaine
Secouait brusquement les sites devant eux,
Du revers de leur manche, ils s'essuyaient les yeux
20 Et leur bouche entonnait : « À la claire fontaine »...

Rodolphe Duguay
(1891-1973). *La lettre de
l'absent* (1924). Maison
Rodolphe Duguay,
Nicolet, Québec.

Ils l'ont si bien redite aux échos des forêts,
Cette chanson naïve où le rossignol chante,
Sur la plus haute branche, une chanson touchante,
Qu'elle se mêle à mes pensers les plus secrets :

25 Si je courbe le dos sous d'invisibles charges,
Dans l'âcre brouhaha de départs oppressants,
Et si, devant l'obstacle ou le lien, je sens
Le frisson batailleur qui crispait leurs poings larges ;

Si d'eux, qui n'ont jamais connu le désespoir,
30 Qui sont morts en rêvant d'asservir la nature,
Je tiens ce maladif instinct de l'aventure,
Dont je suis quelquefois tout envoûté, le soir ;

Par nos ans sans vigueur, je suis comme le hêtre
Dont la sève a tari sans qu'il soit dépouillé,
35 Et c'est de désirs morts que je suis enfeuillé,
Quand je rêve d'aller comme allait mon ancêtre ;

Mais les mots indistincts que profère ma voix
Sont encore : un rosier, une source, un branchage,
Un chêne, un rossignol parmi le clair feuillage,
40 Et comme au temps de mon aïeul, coureur des bois,

Ma joie ou ma douleur chante le paysage[1].

Émile Coderre (1893-1970), alias Jean Narrache, est pharmacien – longtemps secrétaire du Collège des pharmaciens du Québec – et publicitaire. Sa seule publication sous son vrai nom est *Les signes sur le sable,* recueil de poèmes qu'il a écrits alors qu'il fréquentait l'École littéraire de Montréal. Mais c'est en se lançant dans la poésie populaire qu'il obtient un vif succès.

En collaborant à des revues, à des journaux et à des émissions de radio, toujours sous le pseudonyme de Jean Narrache, il obtient la faveur des gens dits ordinaires, surtout dans les années 1930, alors que la pauvreté cause d'énormes ravages. Ses thèmes sont toujours simples et son langage colle au « parler des habitants ». On n'est jamais loin de la chanson populaire. Et, avec lui, les politiciens, les riches et les puissants se font tancer vertement.

Mais, dans ses recueils comme *J'parl' pour parler* ou *Quand j'parl' tout seul,* il n'y a aucune haine, aucune agressivité, plutôt un esprit de satire et une ironie mordante. À travers lui, les pauvres, les ouvriers et les exploités vivent une sorte de revanche. L'humour de Jean Narrache est décapant. Il sert à compenser. C'est à prendre ou à laisser.

---

1. *Ibid.*, p. 77-78.

ŒUVRE

Jean Narrache (1893-1970)

Le jeu de golf

Paraît qu'les homm's d'affair's d'la Haute
Quand i' sont tannés de s'mentir
Pis d'tripoter l'argent des autres
Vont jouer au golf pour s'divertir.

5   L'golf, c'est l'jeu d'l'aristocratie,
Des commis d'bar, des députés;
C'est l'pass'-temps d'la diplomatie
Quand i' se r'posent de s'disputer.

Ça s'joue avec des cann's, des boules,
10   Des sacr's et pis d'la bonn' boisson,
Quand la boul' march', pis qu'le « scotch » coule,
Y sont heureux, comm' de raison.

Y fess'nt la boule à grands coups d'canne
Tant qu'a tomb' pas au fond d'un trou.
15   Quand ça va mal ben i' s'chicanent,
Quand ça va ben, i' prenn'nt un « coup ».

C'est drôl' p'têt' ben, mais j'trouv' qu'ça r'ressemble
Au jeu qu'i' jouent à tous les jours;
Pour blaguer l'monde, i' s'mett'nt ensemble.
20   Pis i' fess'nt dessus chacun leur tour.

Les pauverr' yâb's, on est les boules
Que ces messieurs fess'nt à grands coups
Y sont contents quand i' nous roulent
Pi' qu'i' nous voient tomber dans l'trou[1].

En réaction au courant du terroir émerge un mouvement animé par ceux qu'on appelle parfois les poètes de l'anti-terroir, dont font partie notamment Paul Morin (1889-1963), Guy Delahaye (1888-1969) et Robert Choquette (1905-1991). Ces artistes refusent le cadre imposé par le discours de la survivance. Influencés par l'école parnassienne, en Europe, qui prônait l'art pour l'art, ils se préoccupent surtout de versification et d'impression esthétique. Si elle attire, il est vrai, peu d'adeptes, cette recherche plastique donne néanmoins quelques beaux fruits, tels « Le paon d'émail », de Morin, et « Metropolitan museum », de Choquette.

---

1. Émile CODERRE. *J'parle tout seul quand Jean Narrache*, Montréal, Éditions de l'Homme, 1961, p. 90-91.

Féru de voyages et d'exotisme, Paul Morin écrit par exemple, dans son poème « Pays de l'érable » (titre souvent utilisé par les artisans du terroir) : « Pays de l'érable, / Pays misérable, / Qu'as-tu fait de moi ? [...] Où sont les gondoles / Et les girandoles / Du Rezzonico[1] ? » Parfois même, ses textes se révèlent beaucoup trop osés pour l'époque.

COURANT LITTÉRAIRE ## LES ARTISTES OU L'ANTI-TERROIR

Définition : l'œuvre d'art doit être libre et se suffire à elle-même.
Thèmes : l'exotisme, l'universel, les voyages, l'art, la culture.
Genre : la poésie.

ŒUVRE

Paul Morin (1889-1963)

Sur un rythme de Verhaeren

Tu passais, lorsque je t'ai vue,
Dans l'ombre verte d'une rue.

Je t'ai suivie au long des feuillages épais
Dans la matutinale paix.

5 Tu avais des cheveux de lin,
Tu avais un chapeau fleuri,
Et tout à coup tu m'as souri.

Et, depuis ce calme matin,
Je ne désire que la joie
10 D'avoir en toi ma douce proie.

Je veux me déchirer aux bagues d'améthyste
Qui bleuissent tes doigts trop longs,
Et, la nuit, dans tes cheveux blonds,
Noyer ma bouche chaude et ma tendresse triste.

15 Seul, j'ai revu ce soir cette paisible rue
Où, dans l'ombre, un matin, vous m'êtes apparue[2]...

---

1. Paul MORIN. *Œuvres poétiques*, Ottawa, Fides, « Nénuphar », 1961, p. 15.
2. *Ibid.*, p. 125.

Ozias Leduc (1864-1955). *Erato (Muse dans la forêt)* (v. 1906). Musée des beaux-arts du Canada, Ottawa, Ontario.

L'écrivain le plus important des artistes de l'anti-terroir demeure cependant Alain Grandbois (1900-1975). Bénéficiaire d'un héritage considérable, il consacre très tôt sa vie aux voyages et à l'écriture. Dévoré par le goût de l'inconnu et «l'ivresse d'être libre», il mène une existence inénarrable. Ses goûts sont éclectiques : il aime à fréquenter des auteurs comme le Français Blaise Cendrars, tout en étant amateur de course automobile.

Dans *Né à Québec,* son fascinant premier livre, publié en 1933, Grandbois «raconte la vie de Louis Jolliet [l'explorateur], dans une perspective où l'imagination et la rêverie renouvellent la compréhension de l'histoire, mais avec le plus grand respect des sources[1]». C'est cependant sa poésie, profonde et dense, qui lui vaut la gloire. Ses recueils *Les îles de la nuit, Rivages de l'homme* et *L'étoile pourpre,* sans être spectaculaires, influenceront les poètes qui suivront. En effet, si la vie, la mort et l'amour s'y côtoient, il y a, avant tout, ouverture sur l'univers. «Nuls maillons de chaînes / Ne peuvent me retenir / Je suis plus dur / Que tout l'acier du monde / Je ne veux plus rien entendre[2]», écrit Grandbois.

Alain Grandbois (1900-1975)

Les mille abeilles

Les mille abeilles de ta paupière
Cette chevelure jusqu'à ton doigt bagué
Ce qui hier existait
Ce qui nous est aujourd'hui accordé

5 Tout nous dépasse et nous vole
Ah rayons muets du moment
Clefs de ta geôle
Pur front de ton tourment

Rien n'est plus parfait que ton songe
10 Tu t'abîmes en toi et tu crées
Le paysage ultime de ta beauté

Tout le reste est mensonge[3]

---

1. Jacques BRAULT. *Alain Grandbois*, Ottawa, Fides, «Classiques canadiens», 1967, p. 6.
2. Alain GRANDBOIS. *Poèmes*, Montréal, L'Hexagone, 1963, p. 111.
3. *Ibid.*, p. 40-41.

Vers le changement

Bien que l'école du terroir prédomine nettement de 1900 à 1945, des signes d'évolution et de changement sont perceptibles dès le début du xxᵉ siècle. De 1903 à 1918, période pendant laquelle paraît dans les périodiques son roman *La Scouine,* Albert Laberge (1871-1960) ne cesse de subir les foudres de Paul Bruchési, l'archevêque de Montréal.

En 34 chapitres ou tableaux, *La Scouine* décrit les aspects les plus sombres des mœurs paysannes de l'époque, notamment la misère des familles et l'exploitation des cultivateurs par toute la société, y compris l'Église. Les Deschamps, une famille type, y sont représentés par la Scouine, une jeune femme cruelle et sadique, qui doit son sobriquet à son odeur forte. Si une scène de plaisir solitaire vaudra à Laberge de voir son texte qualifié d'«ignoble pornographie» par monseigneur Bruchési lui-même, ce sont les passages où il déplore le sort des agriculteurs qui l'emportent sur tout le reste.

Albert Laberge (1871-1960)

ŒUVRE

La Scouine

Un homme à barbe inculte, la figure mangée par la petite vérole, fauchait, pieds nus, la maigre récolte. Il portait une chemise de coton et était coiffé d'un méchant chapeau de paille.

5 Les longues journées de labeur et la fatalité l'avaient courbé, et il se déhanchait à chaque effort. Son andain fini, il s'arrêta pour aiguiser sa faux et jeta un regard indifférent sur les promeneurs qui passaient. La pierre crissa sinistre- ment sur l'acier. Dans la main du travailleur, elle voltigeait rapidement d'un côté à l'autre de la lame. Le froid grincement ressemblait à une plainte dou-
10 loureuse et jamais entendue…

C'était la Complainte de la Faux, une chanson qui disait le rude travail de tous les jours, les continuelles privations, les soucis pour conserver la terre ingrate, l'avenir incertain, la vieillesse lamentable, une vie de bête de somme; puis la fin, la mort, pauvre et nu comme en naissant, et le même lot de misères laissé
15 en héritage aux enfants sortis de son sang, qui perpétueront la race des éter- nels exploités de la glèbe.

La pierre crissa plus douloureusement, et ce fut dans le soir, comme le cri d'une longue agonie.

L'homme se remit à la besogne, se déhanchant davantage.

20 Des sauterelles aux longues pattes dansaient sur la route, comme pour se moquer des efforts du paysan.

Plus loin, une pièce de sarrasin récolté mettait sur le sol comme une grande nappe rouge, sanglante.

> Les feux que les fermiers allumaient régulièrement chaque printemps avant
> 25 les semailles, et chaque automne après les travaux, avaient laissé çà et là de
> grandes taches grises semblables à des plaies, et la terre paraissait comme
> rongée par un cancer, la lèpre, ou quelque maladie honteuse et implacable.
>
> À de certains endroits, les clôtures avaient été consumées et des pieux calci-
> nés dressaient leur ombre noire dans la plaine, comme une longue procession
> 30 de moines[1].

Presque en même temps, en 1904, paraît *Marie Calumet,* de Rodolphe Girard (1879-1956), roman également condamné par le même archevêque de Montréal. «Subversif», «immoral», «bassement naturaliste», «médiocre» et «mal écrit» pour les uns, le livre est perçu par les autres comme «fort innocent» et même comme un «chef-d'œuvre», constituant «le meilleur roman jamais imprimé au Canada», selon Albert Laberge.

Intitulé «Ousqu'on va met' la sainte pisse à Monseigneur?», le dixième chapitre du roman n'aide pas la cause de Girard. La servante, Marie Calumet, après avoir fait le ménage de la chambre d'un évêque en visite, ne sait plus comment disposer du pot de chambre: «De la pisse d'évêque, pensa-t-elle, v'là quelque chose de sacré[2]!» Congédié de *La Presse,* à la demande de l'archevêché, et ne trouvant plus d'emploi, Girard finit par s'exiler en Ontario.

Jean-Charles Harvey (1891-1967) connaît un destin similaire avec son roman *Les demi-civilisés,* publié en 1934. Il voit son livre condamné par l'archevêque de Québec et perd son emploi de rédacteur en chef du *Soleil.* L'ouvrage constitue une charge contre la pauvreté intellectuelle et humaine d'une élite canadienne-française totalement soumise au tout-puissant clergé.

Harvey raconte l'histoire de Max Hubert, un jeune homme sensible, qui cherche sa voie au sortir du séminaire. Aidé par un homme riche, dont la fille devient sa compagne, Max fonde une revue, *Le vingtième siècle,* dans laquelle il s'attaque au conservatisme de ses compatriotes. Il finit par perdre son poste et, à la suite d'une intrigue rocambolesque, retrouve sa chère Dorothée, séparée de lui et entrée au couvent. «Cette trame n'est qu'un prétexte dont l'auteur se sert pour défendre, par la bouche de ses personnages, l'amour libre, la liberté de pensée, la culture et les droits de l'individu, et, surtout, pour dénoncer les travers de la société. Toutes les classes sociales y passent: politiciens, avocats, journalistes, ecclésiastiques, professeurs, hommes d'affaires, femmes du monde, etc. Harvey semble en vouloir plus au conformisme et à l'hypocrisie qu'à la malhonnêteté en soi[3].»

---

1. Albert LABERGE. *La Scouine,* Montréal, L'actuelle, 1972, p. 79-80.
2. Rodolphe GIRARD. *Marie Calumet,* Montréal, Fides, «Nénuphar», 1973, p. 69.
3. Gérard BESSETTE, Lucien GESLIN et Charles PARENT. *Histoire de la littérature canadienne-française,* Montréal, CEC, 1968, p. 407.

Notons que certaines des idées de Harvey avaient déjà été exprimées par des auteurs comme Arthur Buies (1840-1901), Olivar Asselin (1874-1937) et Jules Fournier (1884-1918), qui avaient eux aussi attaqué le conformisme et réclamé plus de liberté à l'égard de la religion ou de la morale. Ils n'avaient cependant pas été aussi radicaux que Harvey, lequel aspire à un affranchissement absolu de toutes les contraintes.

La volonté de changement sur le plan des idées s'accompagne d'une volonté de changement sur le plan de la forme. Des poètes comme Morin, Delahaye et Choquette se dressent contre l'ordre établi, comme nous l'avons vu plus tôt, mais personne n'y parvient mieux que le jeune Hector de Saint-Denys Garneau (1912-1943), qu'on peut inclure dans le courant de l'idéalisme.

Auteur de *Regards et jeux dans l'espace*, qu'il publie en 1937 à 25 ans, Saint-Denys Garneau écrit des poèmes typiques de l'impressionnisme et du vers-librisme, dans la lignée des écrivains symbolistes français comme Gustave Kahn. Cela ne l'empêche pas de créer une œuvre poétique originale et personnelle que la lecture de son *Journal* aide à comprendre un peu plus.

Absence de ponctuation, vocables simples mais justes et précis, sens du rythme et de l'image, vers aériens et de longueur variable, les caractéristiques de ses poèmes tranchent sur celles qu'on trouve chez les autres artistes de l'époque. Quant à la nature de sa poésie, il s'agit d'une aventure intérieure, spirituelle et morale, liée à des circonstances précises de sa vie.

Tous s'entendent pour dire que cette lésion au cœur qu'on lui trouve, alors qu'il n'a que 16 ans, est déterminante dans son cheminement intérieur. L'angoisse s'installe aussitôt, l'angoisse d'un jeune homme exposé beaucoup trop tôt à l'imminence de sa mort.

S'ensuivent des thèmes liés à la progression – l'enfant, l'oiseau, l'eau, l'air et l'arbre, symboles de son espoir dans le mouvement –, ainsi qu'à la régression – l'ombre, la maison fermée, la cage, les os et le mur, symboles de l'enfermement de la société. Ces thèmes montrent comment Saint-Denys Garneau oscille entre la vie et le désespoir, entre l'énergie et le néant, entre le monde à découvrir et son petit coin de pays.

Dans son *Journal*, Saint-Denys Garneau écrit : « Au fond, ce qui me guide, c'est un besoin d'être sincère. Mais ne l'aurais-je pas négligé, étouffé, si je n'avais été si profondément, complètement menacé ? Ne me serais-je pas satisfait (et je le fais encore) de demi-sincérité[1] ? » Sans le savoir, en tout cas, il prépare la voie pour sa cousine Anne Hébert, dont il sera question plus loin, qui publiera en 1960 de sublimes poèmes sur des sujets aussi simples que la neige ou le pain.

---

1. Hector de SAINT-DENYS GARNEAU. *Journal*, Montréal, Beauchemin, 1963, p. 178.

Hector de Saint-Denys Garneau (1912-1943)

Cage d'oiseau

Je suis une cage d'oiseau
Une cage d'os
Avec un oiseau

L'oiseau dans ma cage d'os
5 C'est la mort qui fait son nid

Lorsque rien n'arrive
On entend froisser ses ailes

Et quand on a ri beaucoup
Si l'on cesse tout à coup
10 On l'entend qui roucoule
Au fond
Comme un grelot

C'est un oiseau tenu captif
La mort dans ma cage d'os

Hector de Saint-Denys Garneau (1912-1943). *Sans titre* (sans date). Huile sur toile découpée. Collection : Musée d'art de Joliette, Joliette, Québec.

15 Voudrait-il pas s'envoler
Est-ce vous qui le retiendrez
Est-ce moi
Qu'est-ce que c'est

Il ne pourra s'en aller
20 Qu'après avoir tout mangé
Mon cœur
La source du sang
Avec la vie dedans

Il aura mon âme au bec[1].

Accompagnement

Je marche à côté d'une joie
D'une joie qui n'est pas à moi
D'une joie à moi que je ne puis pas prendre

Je marche à côté de moi en joie
5 J'entends mon pas en joie qui marche à côté de moi
Mais je ne puis changer de place sur le trottoir
Je ne puis pas mettre mes pieds dans ces pas-là
             et dire voilà c'est moi

Je me contente pour le moment de cette compagnie

10 Mais je machine en secret des échanges
Par toutes sortes d'opérations, des alchimies,
Par des transfusions de sang
Des déménagements d'atomes
             par des jeux d'équilibre

15 Afin qu'un jour, transposé,
Je sois porté par la danse de ces pas de joie
Avec le bruit décroissant de mon pas à côté de moi
Avec la perte de mon pas perdu
             s'étiolant à ma gauche
20 Sous les pieds d'un étranger
             qui prend une rue transversale[2].

---

1. Hector de SAINT-DENYS GARNEAU. *Œuvres*, Montréal, PUM, « Bibliothèque des lettres québécoises »,
   1971, p. 32-33.
2. *Ibid.*, p. 34.

DOCUMENTAIRE

ENCADRÉ

La littérature populaire

L'alphabétisation faisant des progrès au XXe siècle, la littérature populaire connaît un essor considérable. Des auteurs comme Jovette Bernier (1900-1981), Henri Letondal (1901-1955) et Henry Deyglun (1904-1971) multiplient les textes populaires et les radioromans. Mais c'est Pierre Daignault (1925-2003), sous le pseudonyme de Pierre Saurel, qui remporte la palme. Avec quelque 3 000 romans policiers, d'espionnage ou de fiction plus générale, selon son estimation, il sera le plus prolifique. Ses principales séries – celles de l'agent IXE-13, « l'as des espions canadiens », et d'Albert Brien, « détective national des Canadiens français » – sont des parodies de romans français mettant en vedette des héros tels que Fantômas et Arsène Lupin.

SYNTHÈSE   Qui fait quoi ?

Les courants littéraires	Les œuvres et les auteurs
Le terroir Une littérature défendant l'agriculture comme la seule voie de l'avenir, avec des thèmes comme le sol, les ancêtres, les traditions, la nature, la famille et la paroisse.	■ Romans : *Maria Chapdelaine*, de Louis Hémon, *Un homme et son péché*, de Claude-Henri Grignon, *Menaud, maître-draveur*, de Félix-Antoine Savard, *Trente arpents*, de Ringuet, et *Le Survenant*, de Germaine Guèvremont. ■ Contes et récits : *Récits laurentiens*, de Marie-Victorin, et *Les rapaillages*, de Lionel Groulx. ■ Poésie : Blanche Lamontagne et Alfred DesRochers
Les artistes ou l'anti-terroir Une littérature préconisant la liberté de l'œuvre d'art et son autonomie, et privilégiant des thèmes comme l'exotisme, l'universel, les voyages, l'art et la culture.	Paul Morin, Guy Delahaye, Robert Choquette et, surtout, Alain Grandbois et Hector de Saint-Denys Garneau.

Chapitre 4

De l'Après-guerre à la Révolution tranquille

Paul-Émile Borduas (1905-1960). *Joie lacustre* (1948). Huile sur toile, 47 × 54,6 cm. Collection : Musée national des beaux-arts du Québec (50.37), Québec, Québec.

Au fil du temps

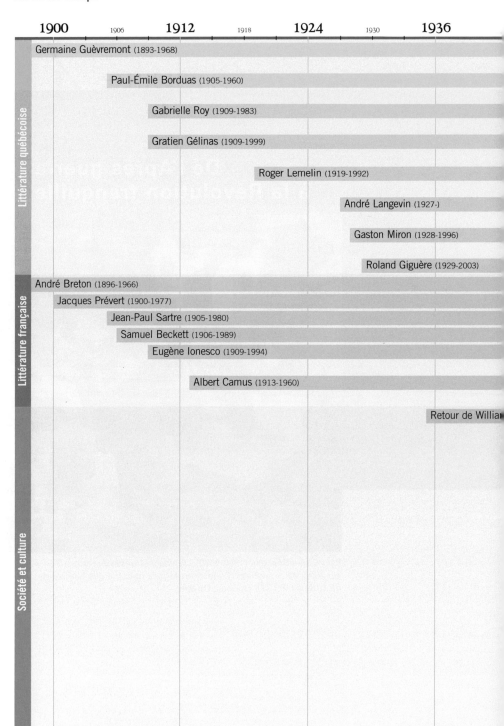

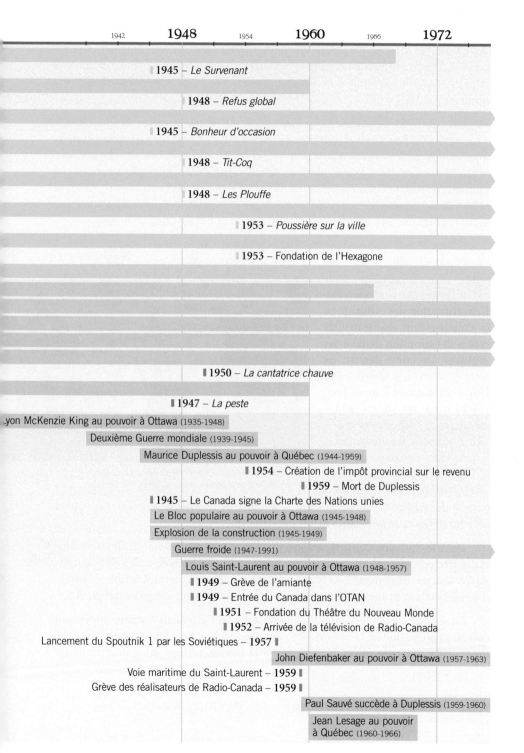

1942 **1948** 1954 **1960** 1966 **1972**

1945 – *Le Survenant*

1948 – *Refus global*

1945 – *Bonheur d'occasion*

1948 – *Tit-Coq*

1948 – *Les Plouffe*

1953 – *Poussière sur la ville*

1953 – Fondation de l'Hexagone

1950 – *La cantatrice chauve*

1947 – *La peste*

_yon McKenzie King au pouvoir à Ottawa (1935-1948)

Deuxième Guerre mondiale (1939-1945)

Maurice Duplessis au pouvoir à Québec (1944-1959)

1954 – Création de l'impôt provincial sur le revenu

1959 – Mort de Duplessis

1945 – Le Canada signe la Charte des Nations unies

Le Bloc populaire au pouvoir à Ottawa (1945-1948)

Explosion de la construction (1945-1949)

Guerre froide (1947-1991)

Louis Saint-Laurent au pouvoir à Ottawa (1948-1957)

1949 – Grève de l'amiante

1949 – Entrée du Canada dans l'OTAN

1951 – Fondation du Théâtre du Nouveau Monde

1952 – Arrivée de la télévision de Radio-Canada

Lancement du Spoutnik 1 par les Soviétiques – **1957**

John Diefenbaker au pouvoir à Ottawa (1957-1963)

Voie maritime du Saint-Laurent – **1959**

Grève des réalisateurs de Radio-Canada – **1959**

Paul Sauvé succède à Duplessis (1959-1960)

Jean Lesage au pouvoir
à Québec (1960-1966)

Le contexte sociohistorique (1945-1960)

La période 1945-1960 est d'abord marquée par les quinze années au pouvoir à Québec de Maurice Duplessis, un traditionaliste habile et rusé. Premier ministre de 1936 à 1939, Duplessis est réélu après la Deuxième Guerre mondiale et la conscription imposée par Ottawa, et il demeurera à la tête du gouvernement de l'Union nationale de 1944 à 1959.

Les historiens appellent cette époque de l'histoire du Québec la « Grande Noirceur ». Duplessis et le clergé tiennent le peuple sous leur joug. Le pouvoir politique et le pouvoir clérical s'allient pour préserver les valeurs traditionnelles que sont la religion, la famille et la terre dans un Québec encore très rural et catholique. Le parti au pouvoir, l'Union nationale, est profondément conservateur, antisyndicaliste et hostile à tout mouvement réformateur ou avant-gardiste. Il en résulte un climat social oppressant, aux antipodes des lumières de la découverte.

La situation économique s'améliore toutefois dans l'ensemble et, parfois presque malgré lui, le Québec se modernise. L'électrification des campagnes, la construction de nouvelles routes et l'adoption de diverses mesures sociales datent de cette époque. Le gouvernement Duplessis instaure l'impôt provincial sur le revenu en 1954 – soi-disant à titre provisoire –, afin d'accroître l'autonomie de la province. De plus, de 1945 à 1949, « la construction de 270 000 habitations [au Canada]

Maurice Duplessis (à gauche) et Jean Drapeau (à droite) accompagnés de membres du clergé.

permet de réduire considérablement le nombre de chômeurs[1] ». Enfin, sur le plan démographique, le pays connaît un baby-boom.

Dans le domaine culturel, malgré un climat très peu favorable, des individus et des groupes, souvent sans en être conscients, jettent les bases de la Révolution tranquille. Des revues comme *Cité libre* ou *Liberté* s'opposent au duplessisme. Nombre d'intellectuels vont bien vite en payer le prix : arrestations, congédiements, etc.

En somme, en dépit d'indiscutables progrès, les Canadiens français continuent de vivre l'aliénation et la soumission, eux que McKenzie King, premier ministre du Canada, vient de forcer à participer à la guerre, reniant ainsi une promesse

---

1. Jacques LACOURSIÈRE, Jean PROVENCHER et Denis VAUGEOIS. *Canada-Québec*, Sillery, Septentrion, 2000, p. 446.

solennelle. Par exemple, sur le plan économique, même si leur situation s'est amé-liorée, ils n'occupent aucun poste de direction, gagnent de petits salaires et se font littéralement exploiter dans leur milieu de travail. Du point de vue linguistique, leur langue est souvent bafouée et ils ne peuvent l'utiliser partout, pendant que Montréal voit régner l'affichage unilingue anglais, elle qui, dit-on, est la plus grande ville française au monde après Paris.

DES CHEFS-D'ŒUVRE ROMANESQUES ET URBAINS

En 1945, Gabrielle Roy (1909-1983), née au Manitoba, publie *Bonheur d'occa-sion*, sans doute un des plus authentiques chefs-d'œuvre de la littérature qué-bécoise. Cet ouvrage marque les débuts du roman de la ville. Il remporte le prix Femina en France l'année de sa parution, est traduit en américain, ainsi que dans de nombreuses autres langues, et devient un grand succès de librairie. C'est, pour plusieurs, le symbole du *réalisme* – ou du *néoréalisme*.

COURANT LITTÉRAIRE — LE RÉALISME

Définition : une description détaillée et fidèle des milieux populaires ou urbains.
Thèmes : la ville, la pauvreté, la souffrance, l'aliénation, la famille.
Genres : le roman et le théâtre.

Roman d'observation et d'atmosphère, *Bonheur d'occasion* transporte le lec-teur au cœur de Saint-Henri, un quartier de l'ouest de Montréal, dont Gabrielle Roy décrit les petits logements, les filatures, les entrepôts, les modestes commerces, en s'attar-dant sur les passages du train, toujours suivis de tourbillons de fumée et de suie retombant sur les taudis. Pour la première fois dans la littérature québécoise, la toile de fond n'est plus la cam-pagne et la terre : la ville devient le thème central de l'histoire. Les lieux parlent et révèlent la vie urbaine, tout en soulignant le contraste entre la pauvreté des Canadiens français, à Saint-Henri, et la richesse des anglo-phones, à Wesmount. Et l'on y croit.

Adrien Hébert (1890-1967). *Magasinage de Noël* (entre 1938 et 1945). Huile sur toile, 81,2 × 101,6 cm. Collection : Musée national des beaux-arts du Québec (47.150), Québec, Québec.

Bonheur d'occasion relate l'histoire des membres de la famille Lacasse, dont le destin est sans issue. À travers ces personnages privés d'espoir, Gabrielle Roy décrit la vie de ses compatriotes avec un grand réalisme. L'un d'eux, Jean Lévesque, incarne la volonté de s'en sortir. Au fond, Gabrielle Roy atteint son but : elle tenait à ce que l'histoire soit simple et vraie, et à ce que le plus grand nombre possible de ses semblables s'y reconnaissent.

Gabrielle Roy (1909-1983)

Bonheur d'occasion

Puis tous ces bruits furent noyés.

Un long tremblement gagna le faubourg.

À la rue Atwater, à la rue Rose-de-Lima, à la rue du Couvent et maintenant place Saint-Henri, les barrières
5 des passages à niveau tombaient. Ici, au carrefour des deux artères principales, leurs huit bras de noir et de blanc, leurs huit bras de bois où luisaient des fanaux rouges se rejoignaient et arrêtaient la circulation.

À ces quatre intersections rapprochées, la foule, matin et soir, piétinait et des rangs pressés d'automobiles y ronronnaient à l'étouffée. Souvent alors des
10 coups de klaxons furieux animaient l'air comme si Saint-Henri eût brusquement exprimé son exaspération contre ces trains hurleurs qui, d'heure en heure, le coupaient violemment en deux parties.

Le train passa. Une âcre odeur de charbon emplit la rue. Un tourbillon de suie oscilla entre le ciel et le faîte des maisons. La suie commençant à descendre,
15 le clocher de Saint-Henri se dessina d'abord, sans base, comme une flèche fantôme dans les nuages. L'horloge apparut ; son cadran illuminé fit une trouée dans les traînées de vapeur ; puis, peu à peu, l'église entière se dégagea, haute architecture de style jésuite. Au centre du parterre, un Sacré-Cœur, les bras ouverts, recevait les dernières parcelles de charbon. La paroisse sur-
20 gissait. Elle se recomposait dans sa tranquillité et sa puissance de durée. École, église, couvent : bloc séculaire fortement noué au cœur de la jungle citadine comme au creux des vallons laurentiens. Au-delà s'ouvraient des rues à maisons basses, s'enfonçant de chaque côté vers les quartiers de grande misère, en haut vers la rue Workman et la rue Saint-Antoine, et, en bas, contre
25 le canal de Lachine où Saint-Henri tape les matelas, tisse le fil, la soie, le coton, pousse le métier, dévide les bobines, cependant que la terre tremble, que les trains dévalent, que la sirène éclate, que les bateaux, hélices, rails et sifflets épellent autour de lui l'aventure.

Jean songea non sans joie qu'il était lui-même comme le bateau, comme le
30 train, comme tout ce qui ramasse de la vitesse en traversant le faubourg et va plus loin prendre son plein essor. Pour lui, un séjour à Saint-Henri ne le faisait pas trop souffrir ; ce n'était qu'une période de préparation, d'attente.

Il arriva au viaduc de la rue Notre-Dame, presque immédiatement au-dessus de la petite gare de brique rouge. Avec sa tourelle et ses quais de bois pris
35 étroitement entre les fonds de cours, elle évoquerait les voyages tranquilles de bourgeois retirés ou plus encore de campagnards endimanchés, si l'œil s'arrêtait à son aspect rustique. Mais au-delà, dans une large échancrure du faubourg, apparaît la ville de Westmount échelonnée jusqu'au faîte de la montagne dans son rigide confort anglais. Il se trouve ainsi que c'est aux voyages
40 infinis de l'âme qu'elle invite. Ici, le luxe et la pauvreté se regardent inlassablement, depuis qu'il y a Westmount, depuis qu'en bas, à ses pieds, il y a Saint-Henri. Entre eux s'élèvent des clochers.

Le regard du jeune homme effleura le campanile de Saint-Thomas-d'Aquin, la tourelle à colonnade du couvent, la flèche de Saint-Henri, et monta direc-
45 tement aux flancs de la montagne. Il aimait à s'arrêter sur cette voie et à regarder, le jour, les grands portails froids, les belles demeures de pierre grise et rose qui se dégageaient nettement, là-haut, et, la nuit, leurs feux qui brillaient, lointains, comme des signaux sur sa route. Ses ambitions, ses griefs se levaient et l'enserraient alors de leur réseau familier d'angoisse. Il était à la fois haineux
50 et puissant devant cette montagne qui le dominait[1].

L'autre chef-d'œuvre du roman urbain, *Les Plouffe*, de Roger Lemelin (1919-1992), paraît en 1948. L'ouvrage est un best-seller, et les adaptations qui en sont faites pour la radio, la télévision et le cinéma remportent également un grand succès. L'histoire se déroule à Québec, d'où est originaire l'auteur. Roger Lemelin dépeint les milieux défavorisés des années 1940 avec réalisme et force détails. Les personnages sont bien campés, et l'intrigue est crédible et palpitante. Comme dans *Bonheur d'occasion,* la seule issue pour certains hommes est de s'enrôler dans l'armée. Le roman se termine lorsque la mère découvre ce que son fils fait de ses journées en Europe : « C'est pas croyable ! Guillaume qui tue des hommes[2] ! »

La même année que *Les Plouffe* paraît *Neuf jours de haine,* de Jean-Jules Richard (1911-1975), peut-être le meilleur roman québécois consacré à la Deuxième Guerre mondiale. Mais l'auteur remporte plus de succès avec *Le feu dans l'amiante,* publié en 1956. Ce roman a pour toile de fond le plus important conflit ouvrier survenu au Québec, à Asbestos, la grève de l'amiante qui dure de février à juillet 1949, avant d'être sévèrement réprimée par Duplessis.

En 1953, André Langevin (1927-) publie *Poussière sur la ville*, un roman urbain se déroulant dans une petite ville minière. L'ouvrage est teinté d'existentialisme, courant philosophique indissociable de l'écrivain et philosophe français Jean-Paul Sartre, qui « pose comme fondamentale la liberté de l'être, qui se fait lui-même à partir de ses propres choix[3] ».

---

1. Gabrielle ROY. *Bonheur d'occasion*, Montréal, Stanké, « 10/10 », 1977, p. 37-39. © Fonds Gabrielle Roy.
2. Roger LEMELIN. *Les Plouffe*, Montréal, Stanké, « 10/10 », 1999, p. 324-325.
3. Hélène SABBAH. *Littérature. Textes et méthode (Édition 1997)*, LaSalle, Hurtubise HMH, 1997, p. 371.

ŒUVRE

Roger Lemelin (1919-1992)

Les Plouffe

— Messieurs! C'est ici qu'on s'enrôle?

Les sentinelles riaient et lui indiquaient du doigt
le bureau d'inscription.

— Merci.

5 Les yeux en feu, la tête haute, il mit le pied dans la cour en voûtant ses épaules
comme s'il se fût agi de grimper une montagne. Mais son escalade fut inter-
rompue au départ par Guillaume qui, désorienté un instant par la vue des sentinelles armées, revenait à la charge et le tirait par les manches. Ovide trébucha.

— Vas-tu me lâcher? Qu'est-ce que tu connais à la guerre? Ce n'est pas une
10 partie de baseball!

Guillaume, obéissant aveuglément aux recommandations de sa mère, commen-
çait à l'entraîner vers la sortie. Les soldats et les chômeurs, les mains aux poches,
riaient de bon cœur. Mais les officiers recruteurs n'avaient pas l'humeur à la
blague et n'entendaient pas se faire enlever un précieux client, même maigre
15 et chétif. Trois d'entre eux se précipitèrent sur Guillaume et, avant qu'il eût le
temps d'esquisser un geste, le champion lanceur était précipité dans la rue
Saint-Louis par des coups de pied bien placés. Ovide, le cœur serré de voir
son frère ainsi maltraité, éprouva d'abord l'envie de quitter la cour d'un air
hautain en disant leur fait aux militaires barbares.

20 Par contre ces hommes avaient protégé sa liberté d'action, et tout un auditoire admirait son courage de braver les foudres de ses parents pour s'enrôler. D'ailleurs un acteur, sur la scène, n'a pas de famille. Il appartient à la
curiosité de la foule. Le théâtre l'emporta. Ovide se raplomba dans son habit
tordu par la lutte et déclara:

25 — Merci, Messieurs. La France d'abord, la famille ensuite.

À ces nobles paroles, les rires redoublèrent chez les chômeurs et les soldats,
et des commentaires moqueurs fusèrent:

— Fais donc pas le frais. Tu veux gagner une piastre et trente par jour, toé aussi[1].

Après le suicide de sa femme qui le trompait, un jeune médecin naïf s'oppose
à la ville, tout en s'efforçant d'être à l'écoute de lui-même. Langevin écrit, faisant
parler son antihéros: «Le téléphone. Mais, oui, la vie reprend. Et il faut la vivre.
Marie Théroux me fait le don d'accoucher dès maintenant. Je resterai. Je resterai,

---

1. Roger LEMELIN. *Op. cit.*, p. 324-325.

contre toute la ville. Je les forcerai à m'aimer. La pitié qui m'a si mal réussi avec Madeleine, je les en inonderai. J'ai un beau métier où la pitié peut sourdre sans cesse sans qu'on l'appelle. Je continue mon combat[1]. »

Le *Refus global* et la mutation en cours

Dès 1945, la contestation s'organise contre les forces conservatrices représentées par Duplessis et le clergé. Des syndicalistes tiennent tête aux autorités politiques et ecclésiastiques, mais c'est surtout dans le milieu des arts que la mutation commence à prendre forme. De jeunes artistes écrivent notamment dans *Le Devoir* que leurs «sympathies sont avec les cannibales qui apprêtent les missionnaires aux petits pois[2]». Tous seront signataires du manifeste *Refus global*.

Temps fort dans l'histoire du Québec, le manifeste *Refus global* est le premier geste politique symbolisant la mouvance qui mènera à la Révolution tranquille. Il s'agit d'un texte collectif préparé par le peintre Paul-Émile Borduas (1905-1960) et cosigné par plusieurs jeunes artistes et écrivains de l'époque, parmi lesquels Claude et Pierre Gauvreau, Marcelle Ferron, Fernand Leduc,

Jean Paul Riopelle (1923-2002) et Claude Gauvreau (1925-1971). Page couverture du *Refus global* (1948).

Jean-Paul Mousseau et Jean Paul Riopelle. Tous sont membres du groupe automatiste, mouvement prônant une démarche intuitive et un renouvellement du langage artistique.

Tiré à 400 exemplaires et lancé chez un libraire de Montréal, Henri Tranquille, établi sur la rue Sainte-Catherine, ce cahier un peu artisanal suscite aussitôt un tollé parmi les élites auxquelles il s'attaque. Sur un ton déclamatoire et un peu solennel, il y est en effet question de rompre avec les valeurs traditionnelles, et de tirer un trait sur le climat de peur et d'ignorance que les autorités ecclésiastiques et politiques entretiennent dans leur intérêt.

Pour Borduas et son groupe, il est plus que jamais urgent de modifier en profondeur les sensibilités afin de donner jour à un ordre nouveau, imprévu, spontané, reposant sur la création, l'amour, la passion «transformante» et l'anarchie «resplendissante», par opposition à la raison et à l'utilitarisme.

1. André LANGEVIN. *Poussière sur la ville*, Montréal, Éditions Pierre Tisseyre, 1953, p. 209.
2. Hélène DE BILLY. *Riopelle*, Montréal, Art global, «Biographies», 1996, p. 45.

Paul-Émile Borduas (1905-1960)

Refus global

Rejetons de modestes familles canadiennes-françaises, ouvrières ou petites bourgeoises, de l'arrivée au pays à nos jours restées françaises et catholiques par résistance au vainqueur, par attachement arbitraire au passé, 5 par plaisir et orgueil sentimental et autres nécessités.

Colonie précipitée dès 1760 dans les murs lisses de la peur, refuge habituel des vaincus; là, une première fois abandonnée. L'élite reprend la mer ou se vend au plus fort. Elle ne manquera plus de le faire chaque fois qu'une occasion sera belle.

10 Un petit peuple serré de près aux soutanes restées les seules dépositaires de la foi, du savoir, de la vérité et de la richesse nationale. Tenu à l'écart de l'évolution universelle de la pensée pleine de risques et de dangers, éduqué sans mauvaise volonté, mais sans contrôle, dans le faux jugement des grands faits de l'histoire quand l'ignorance complète est impraticable.

15 Petit peuple issu d'une colonie janséniste, isolé, vaincu, sans défense contre l'invasion de toutes les congrégations de France et de Navarre, en mal de perpétuer en ces lieux bénis de la peur (c'est-le-commencement-de-la-sagesse!) le prestige et les bénéfices du catholicisme malmené en Europe. Héritières de l'autorité papale, mécanique, sans réplique, grands maîtres des méthodes obs- 20 curantistes, nos maisons d'enseignement ont dès lors les moyens d'organiser en monopole le règne de la mémoire exploiteuse, de la raison immobile, de l'intention néfaste.

Petit peuple qui malgré tout se multiplie dans la générosité de la chair sinon dans celle de l'esprit, au nord de l'immense Amérique au corps sémillant de 25 la jeunesse au cœur d'or, mais à la morale simiesque, envoûtée par le prestige annihilant du souvenir des chefs-d'œuvre d'Europe, dédaigneuse des authentiques créations de ses classes opprimées.

Notre destin sembla durement fixé.

[...]

Rompre définitivement avec toutes les habitudes de la société, se désolidariser 30 de son esprit utilitaire. Refus d'être sciemment au-dessous de nos possibilités psychiques et physiques. Refus de fermer les yeux sur les vices, les duperies perpétrées sous le couvert du savoir, du service rendu, de la reconnaissance due. Refus d'un cantonnement dans la seule bourgade plastique, place fortifiée mais trop facile d'évitement. Refus de se taire – faites de nous ce qu'il vous 35 plaira mais vous devez nous entendre – refus de la gloire, des honneurs (le premier consenti): stigmates de la nuisance, de l'inconscience, de la servilité. Refus de servir, d'être utilisables pour de telles fins. Refus de toute INTENTION, arme néfaste de la RAISON. À bas toutes deux, au second rang!

Place à la magie! Place aux mystères objectifs!

40 Place à l'amour!

Place aux nécessités!

Au refus global nous opposons la responsabilité entière[1].

Marcelle Ferron (1924-2001). *Le champ russe* (1947-1948). Huile sur masonite, 23,2 × 30,2 cm. Collection : Musée d'art contemporain (A97 3 PI), Montréal, Québec.

Congédié de son poste de professeur à l'École du meuble, parce que ses opinions sont incompatibles avec le système d'enseignement catholique en place, Borduas meurt en exil à Paris en 1960. L'essayiste Pierre Vadeboncoeur évoque ainsi l'acte inouï de Borduas : « En fait, il a brisé notre paralysie organisée. Il l'a anéantie d'un seul coup, par son refus global. Il fut le premier, que je sache, à faire cela. Jamais personne avant lui n'avait prouvé le mouvement. Tous, plus ou moins, avaient tergiversé [...] Le Canada français moderne commence avec lui [...] Il a délié en nous la liberté[2]. »

Pour ce qui est du concept même d'automatisme, il s'agit d'un courant autant esthétique que littéraire. L'œuvre picturale ou littéraire y est entièrement non préconçue au point de départ. Elle s'élabore en fonction des gestes et des idées issus de l'inconscient. Les sentiments qui l'inspirent empêchent cependant toute forme d'automatisme mécanique, c'est-à-dire de céder à l'arbitraire, tout en orientant le résultat final, lui donnant un minimum d'unité.

COURANT LITTÉRAIRE | **L'AUTOMATISME**

Définition : des mots ou des gestes jaillissant de l'inconscient, sans censure.
Thèmes : les images et les sonorités l'emportent sur le sens.
Genres : la poésie et le théâtre.

Le carton d'invitation à une exposition des automatistes à Paris se lisait d'ailleurs comme suit : « Automatisme ? Plus exactement : soumission avantageuse aux sollicitations de la spontanéité, de l'indiscipline picturale, du hasard technique, du

1. Paul-Émile BORDUAS. *Refus global*, Montréal, Anatole Brochu, 1972, p. 9 à 24.
2. Pierre VADEBONCOEUR. « La ligne du risque », *Situations*, 4ᵉ année, nº 1, 1962, p. 22-24.

romantisme du pinceau, des débordements du lyrisme. Car telle est la règle d'or que découvrirent, sans maître et loin des foules, mais non sans lucidité, ces Canadiens nouveaux[1]. »

ENCADRÉ

DOCUMENTAIRE

Le pouvoir des mots

Les automatistes font vite leurs preuves en tant que créateurs. Mais ils n'oublient pas le pouvoir des mots. Ainsi, en novembre 1948, le peintre Jean-Paul Mousseau, commis-libraire chez Tranquille, expose des gouaches abstraites dont les titres font jaser : *La communion des fesses, Évaporation criminelle, Les nues d'un village mordu, Le chapeau de Napoléon ne me coiffe pas, Croisades des curés, Le féminin se plaît,* etc. Cet automne-là, à propos de *La chaleur des amants réchauffe toute une ville,* un critique écrit : « Il ne s'agit probablement pas de Montréal[2]. »

Jean-Paul Mousseau (1927-1991).
Jet fuligineux sur noir torturé (1949).
Huile sur canevas, 105,0 × 114,4 cm.
Vancouver Art Gallery (VAG 93-12),
Vancouver, Colombie-Britannique.

L'HEXAGONE, LE PAYS ET L'ÂGE DE LA PAROLE

Le mouvement d'émancipation menant lentement à la Révolution tranquille se constitue par le biais de plusieurs petits groupes. Ainsi, quand les automatistes reçoivent le manuscrit du recueil de poèmes *Le vierge incendié,* de Paul-Marie Lapointe (1929-), le poète Claude Gauvreau (1925-1971) et ses amis sont à ce point séduits qu'ils décident de le publier. Or, c'est à l'un des auteurs qui représenteront le mieux les Éditions de l'Hexagone – un autre de ces groupes participant au mouvement d'émancipation – qu'ils viennent ainsi de tendre la main.

Fondées en 1953, les Éditions de l'Hexagone vont influer considérablement sur la vie poétique au Québec. Ni école ni chapelle, elles s'emploient à produire et à diffuser des plaquettes de poésie innovatrices, en plus d'organiser des rencontres

1. François-Marc GAGNON. *Chronique du mouvement automatiste québécois,* Montréal, Lanctôt, 1998, p. 347.
2. Marcel LECOMPTE. « L'œil en coulisse », *Le Petit Journal,* 14 novembre 1948, p. 72.

et des colloques et de lancer la revue *Liberté,* qui inspirera *Parti pris,* autre revue luttant pour le socialisme et l'indépendance. Au nombre de leurs publications, citons *Arbres,* de Paul-Marie Lapointe, recueil dont les poèmes séduisent par leur rythme syncopé. Admirateur des jazzmen John Coltrane et Miles Davis, le poète improvise à partir d'un leitmotiv : « j'écris arbre[1] ». Modulant, énumérant, nommant, répétant, tout en associant les idées, il engendre un ensemble qui tient de la litanie et de l'inventaire.

L'Hexagone constitue un groupe, et surtout un groupe engagé, même si les individus qui le composent ont tous leur singularité. Une circulaire explique : « Nous assistons à la fin de l'aliénation du poète par la solitude stérile, la révolte à perte ou l'exil de l'intérieur. La participation de plus en plus fréquente des poètes aux luttes qui nous confrontent les a révélés à eux-mêmes et à leur réel. » Parmi les causes soutenues par l'Hexagone figure celle du pays, plus précisément de l'appartenance à un pays. Il ne s'agit plus du patriotisme du terroir et du provincialisme traditionnel. Il incombe désormais au poète canadien-français non seulement d'explorer les formes et le langage, mais aussi d'échapper à l'étrange « demi-pays » dans lequel il vit. « Agir par la poésie, agir la poésie – lui donner une "patrie", une conscience collective, un contexte – demeure le but, largement atteint, de l'Hexagone[2] », écrit Laurent Mailhot.

Gaston Miron (1928-1996) est l'âme de l'Hexagone. Né à Sainte-Agathe-des-Monts, il s'établit assez tôt à Montréal, où il exerce divers métiers et suit des cours du soir à l'Université de Montréal. C'est là qu'il prend conscience de sa nature d'écrivain, lui qui écrit et publie des poèmes dans les journaux et les revues depuis l'âge de 14 ans. À 25 ans, ami de plusieurs auteurs, artistes et cinéastes, il fonde l'Hexagone avec Mathilde Ganzini, Gilles Carle, Olivier Marchand, Louis Portugais et Jean-Claude Rinfret. La même année, il publie le recueil *Deux sangs,* avec Olivier Marchand (1928-), puis sa production est plus ou moins orale, tandis qu'il travaille chez d'autres éditeurs.

Personnalité forte, récitant ses textes à gauche et à droite de sa voix de stentor, Miron publie ses « cycles poétiques » dans des périodiques comme *Le nouveau journal* ou *Liberté.* Mais ce n'est qu'en 1970, alors qu'il reçoit le Prix de la revue *Études françaises,* qu'il consent à ce que soient réunis ces cycles, comme *La marche à l'amour* et *La vie agonique,* dans le plus célèbre recueil de la poésie québécoise : *L'homme rapaillé.*

L'homme rapaillé est un ensemble de poèmes tendus entre la volonté d'écrire et la nécessité de parler, entre la célébration et le combat, entre l'homme et la femme, entre le passé et l'avenir. L'histoire personnelle et la quête d'identité de Miron traduisent à ses yeux celles de ses compatriotes de la « Terre de Québec ».

Cette identité à trouver ou à retrouver renvoie bien entendu au pays à faire. Politiquement engagé, Miron milite notamment au sein du Rassemblement pour l'indépendance nationale, du Mouvement de libération populaire, du Parti socialiste

---

1. Paul-Marie LAPOINTE. *Le réel absolu*, Montréal, L'Hexagone, 1971, p. 171.
2. Laurent MAILHOT. *La littérature québécoise*, Paris, PUF, « Que sais-je ? », 1974, p. 73.

québécois et du Mouvement pour l'unilinguisme français. Cette identité passe donc aussi par la défense du français au Québec, cette langue de colonisés et d'aliénés, étouffée par «les nécessités bilingues qui s'incrustent dans la moelle épinière de l'espace mental du langage[1]».

Lors du décès de Miron, un admirateur écrivit: «Il eut droit, à sa mort en 1996, à des funérailles nationales. L'adieu solennel du Québec fut peut-être moins important que celui, recueilli et innombrable, de ses amis en poésie[2].» Des poèmes comme «Recours didactique» et «L'octobre» donnent un aperçu de l'œuvre de Gaston Miron.

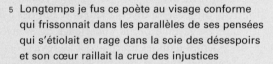

Gaston Miron (1928-1996)

Recours didactique

Mes camarades au long cours de ma jeunesse
si je fus le haut-lieu de mon poème, maintenant
je suis sur la place publique avec les miens
et mon poème a pris le mors obscur de nos combats

5 Longtemps je fus ce poète au visage conforme
qui frissonnait dans les parallèles de ses pensées
qui s'étiolait en rage dans la soie des désespoirs
et son cœur raillait la crue des injustices

Or je vois nos êtres en détresse dans le siècle
10 je vois notre infériorité et j'ai mal en chacun de nous

Aujourd'hui sur la place publique qui murmure
j'entends la bête tourner dans nos pas
j'entends surgir dans le grand inconscient résineux
les tourbillons des abattis de nos colères

15 Toi mon amour tu te tiens droite dans ces jours
nous nous aimons d'une force égale à ce qui nous sépare
la rance odeur de métal et d'intérêts croulants
Tu sais que je peux revenir et rester près de toi
ce n'est pas le sang, ni l'anarchie ou la guerre
20 et pourtant je lutte, je te le jure, je lutte
parce que je suis en danger de moi-même à toi
et tous deux le sommes de nous-mêmes aux autres
Les poètes de ce temps montent la garde du monde

1. Gaston MIRON. *L'homme rapaillé*, Montréal, PUM, «Collection du Prix de la revue Études françaises», 1970, p. 108.
2. Yannick GASQUY-RESH. *Gaston Miron: le forcené magnifique*, Montréal, HMH, «América», 2005, p. 17.

Car le péril est dans nos poutres, la confusion
25   une brunante dans nos profondeurs et nos surfaces
nos consciences sont éparpillées dans les débris
de nos miroirs, nos gestes des simulacres de libertés
je ne chante plus je pousse la pierre de mon corps

Je suis sur la place publique avec les miens
30   la poésie n'a pas à rougir de moi
j'ai su qu'une espérance soulevait ce monde jusqu'ici[1].

L'octobre

L'homme de ce temps porte le visage de la flagellation
et toi, Terre de Québec, Mère Courage
dans ta longue marche, tu es grosse
de nos rêves charbonneux douloureux
5   de l'innombrable épuisement des corps et des âmes

je suis né ton fils par en haut là-bas
dans les vieilles montagnes râpées du nord
j'ai mal et peine ô morsure de naissance
cependant qu'en mes bras ma jeunesse rougeoie

10   voici mes genoux que les hommes nous pardonnent
nous avons laissé humilier l'intelligence des pères
nous avons laissé la lumière du verbe s'avilir
jusqu'à la honte et au mépris de soi dans nos frères
nous n'avons pas su lier nos racines de souffrance
15   à la douleur universelle dans chaque homme ravalé

Jean Dallaire
(1916-1965). *Il futuro*
(1954). Huile sur
carton, 60,8 × 50,5 cm.
Collection : Musée
d'art contemporain
(A92 429 PI),
Montréal, Québec.

je vais rejoindre les brûlants compagnons
dont la lutte partage et rompt le pain du sort commun
dans les sables mouvants des détresses grégaires

nous te ferons, Terre de Québec
20   lit des résurrections
et des mille fulgurances de nos métamorphoses
de nos levains où lève le futur
de nos volontés sans concessions
les hommes entendront battre ton pouls dans l'histoire
25   c'est nous ondulant dans l'automne d'octobre
c'est le bruit roux de chevreuils dans la lumière
l'avenir dégagé
          l'avenir engagé[2]

1. Gaston MIRON. *Op. cit.*, p. 61.
2. *Ibid.*, p. 62.

L'autre grande voix de l'Hexagone est Roland Giguère (1929-2003), à la fois peintre, graveur et éditeur. Son recueil *L'âge de la parole* renferme des textes fascinants, notamment « Un jour de rose ovaire » ou « Roses et ronces » et, surtout, « La main du bourreau finit toujours par pourrir », magnifique ode à la liberté si chère à Miron et à lui-même. En somme, l'« âge de la parole » consiste à réagir à la Grande Noirceur : le temps de se taire et de plier est révolu.

Roland Giguère (1929-2003)

La main du bourreau finit toujours par pourrir

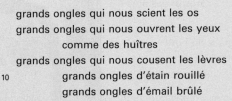

Grande main qui pèse sur nous
grande main qui nous aplatit contre terre
grande main qui nous brise les ailes
      grande main de plomb chaud
5   grande main de fer rouge

grands ongles qui nous scient les os
grands ongles qui nous ouvrent les yeux
      comme des huîtres
grands ongles qui nous cousent les lèvres
10   grands ongles d'étain rouillé
      grands ongles d'émail brûlé

mais viendront les panaris
panaris
panaris

15 la grande main qui nous cloue au sol
finira par pourrir
les jointures éclateront comme des verres de cristal
les ongles tomberont

la grande main pourrira
20 et nous pourrons nous lever pour aller ailleurs[1].

UN GÉANT DU THÉÂTRE

Dans *350 ans de théâtre au Canada français*[2], Jean Béraud explique que le théâtre québécois remonte aux débuts du Régime français, alors que d'autres estiment qu'il n'apparaît qu'en 1948 avec la pièce *Tit-Coq*. Il s'agit là d'un vieux débat.

1. Roland GIGUÈRE. *L'âge de la parole*, Montréal, L'Hexagone, 1965, p. 17.
2. Jean BÉRAUD. *350 ans de théâtre au Canada français*, Montréal, CLF, 1958, 316 p.

Certes, certains auteurs comme Joseph Quesnel (1746-1809), né en France, ont écrit de petites pièces comme *L'anglomanie ou Le dîner à l'anglaise,* où il ridiculise ceux qui singent les bonnes manières étrangères. Certes, des auteurs, comme Gérin-Lajoie et Fréchette, ont produit du théâtre de leur cru. Certes, quelques salles naissent. Mais les alexandrins sonnent faux sur les bords du Saint-Laurent.

Le clergé décourage la fréquentation du théâtre. « Ceux qui vont au théâtre n'en sortent jamais meilleurs », déclare monseigneur Bruchési, en 1905, à l'occasion de la visite d'une troupe française dont fait partie l'illustre Sarah Bernhardt, dégoûtée par notre conservatisme. Les manuels destinés aux jeunes enseignantes des années 1950 – notamment ceux qui sont écrits par monseigneur François-Xavier Ross – déconseillent même la fréquentation du théâtre, tout comme ils mettent en garde contre le cinéma.

La production théâtrale au Québec reste donc anecdotique avant la création de *Tit-Coq*. Le mérite de son auteur, Gratien Gélinas (1909-1999), en est d'autant plus grand. Le succès de la pièce est phénoménal, et *Tit-Coq* constitue le couronnement d'une belle carrière. Le drame de Gratien Gélinas est marquant à plus d'un titre : il s'articule autour de dialogues d'un réalisme saisissant, et l'histoire du jeune soldat qu'est Tit-Coq traduit en grande partie le destin de ses compatriotes « nés pour un petit pain », selon l'expression du temps.

Ce pauvre Tit-Coq, Arthur de son prénom, qui porte le nom de Saint-Jean parce qu'il fut trouvé un 24 juin, c'est l'orphelin qui va d'échecs en déceptions. Puis, entré dans l'armée, il fait la connaissance de la sœur d'un camarade en qui il voit le grand amour et la personne qui va changer sa vie. Mais, pendant son absence, Marie-Ange en épouse un autre. Les rêves de toujours de Tit-Coq s'évanouissent.

Représentation de *Tit-Coq* au Monument-National. Le Padre et Tit-Coq à bord du bateau.

ŒUVRE

Gratien Gélinas (1909-1999)

Tit-Coq

Le pont d'un transport de troupes. Tit-Coq est accoudé au bastingage, face au public. On entend la musique d'un harmonica venant de la coulisse. Le Padre traverse la scène: il se promenait sur le pont et il a aperçu Tit-Coq.

LE PADRE. — Bonjour, Tit-Coq. (*Il vient s'appuyer près de lui.*)

TIT-COQ, *sortant de sa rêverie.* — Allô, Padre.

LE PADRE. — Alors, ça y est: on s'en va.

TIT-COQ. — On s'en va.

5 LE PADRE. — Je t'empêche peut-être de t'ennuyer de ta Marie-Ange?

TIT-COQ. — Oui... mais c'est égal: j'aurai le temps de me reprendre à mon goût.

LE PADRE. — Ce doit être nouveau pour toi, l'ennui?

TIT-COQ. — Tellement nouveau que j'aime presque ça. Ce qui est triste, je m'en rends compte, c'est pas de s'ennuyer...

10 LE PADRE. — C'est de n'avoir personne de qui s'ennuyer?

TIT-COQ. — Justement... et personne qui s'ennuie de toi. Si je ne l'avais pas rencontrée, elle, je partirais aujourd'hui de la même façon, probablement sur le même bateau. Je prendrais le large, ni triste ni gai, comme un animal, sans savoir ce que j'aurais pu perdre.

15 LE PADRE. — Tu ferais peut-être de la musique avec le gars là-bas?

TIT-COQ. — Peut-être, oui. Tandis que là, je pars avec une fille dans le cœur... Une fille qui me trouve beau, figurez-vous!

LE PADRE. — Non!

TIT-COQ. — À ben y penser, c'est une maudite preuve d'amour qu'elle me
20 donne là, elle?

LE PADRE *sourit.* — Une preuve écrasante.

TIT-COQ. — Oui, je pars avec une fille qui m'aime, dans le cœur... et un album de famille dans mon sac.

LE PADRE. — Un album de famille! C'est elle qui te l'a donné?

25 TIT-COQ. — Oui, monsieur. Si jamais le bateau coule, sauvez ça d'abord, ou vous n'êtes pas un ami!

LE PADRE. — Y aurait-il moyen de l'admirer, cette merveille-là?

Tɪᴛ-Coǫ. — Tout de suite, si vous voulez! (*Il sort l'album de sa vareuse.*) Et vous allez voir la plus belle famille au monde! Je le dis, même si c'est la
30 mienne. (*Lui montrant la première page.*) Tenez: ça, ça va être mon beau-père et ma belle-mère.

Lᴇ Pᴀᴅʀᴇ. — Ils ont l'air de bien braves gens.

Tɪᴛ-Coǫ. — Yes, sir! Braves d'un travers à l'autre.

Lᴇ Pᴀᴅʀᴇ, *désignant un portrait.* — C'est elle, Marie-Ange?

35 Tɪᴛ-Coǫ. — Non, c'est ma belle-sœur Claudia, avec mon neveu Jacquot. (*Il tourne la page.*) Marie-Ange, la v'là!

Lᴇ Pᴀᴅʀᴇ. — Une bien belle fille, en effet.

Tɪᴛ-Coǫ. — Oui... Il est déjà pas mal fatigué de se faire embrasser, ce portrait-là. Et le petit garçon ici, avec l'insigne de première communion, le cierge à la
40 main et la bouche ouverte, c'est Jean-Paul! (*Il tourne la page.*) Tenez: mon oncle Alcide et ma tante Maria, le parrain et la marraine de Marie-Ange. Ils habitent, en ville, dans le bout d'Hochelaga. Je l'aime ben, lui. Si jamais vous voulez entendre une bonne histoire croustillante, vous avez en plein l'homme! (*Sautant plusieurs feuillets.*) J'en passe, et des meilleurs, pour arriver au plus
45 beau portrait de tout l'album.

Lᴇ Pᴀᴅʀᴇ. — Mais il n'y a rien sur cette page-là!

Tɪᴛ-Coǫ. — Rien pour vous! Mais moi, avec un peu d'imagination, je distingue très bien madame Arthur Saint-Jean... avec le petit Saint-Jean sur ses genoux. À moins que ce soit la petite... Peux pas voir au juste... Et le gars à côté, l'air
50 fendant comme un colonel à la tête de sa colonne, c'est votre humble serviteur.

Lᴇ Pᴀᴅʀᴇ. — Tu as raison, c'est une page admirable.

Tɪᴛ-Coǫ. — Certain! (*Il replace l'album dans sa vareuse.*)

Lᴇ Pᴀᴅʀᴇ. — Tu n'as pas été tenté de l'épouser, ta Marie-Ange, avant de partir?

Tɪᴛ-Coǫ. — Tenté? Tous les jours de la semaine! Mais non. Épouser une fille,
55 pour qu'elle ait un petit de moi pendant que je serais parti au diable vert? Jamais en cent ans. Si mon père était loin de ma mère quand je suis venu au monde, à la Miséricorde ou ailleurs, ça le regardait. Mais moi, quand mon petit arrivera, je serai là, à côté de ma femme. Oui, monsieur! Aussi proche du lit qu'il y aura moyen.

60 Lᴇ Pᴀᴅʀᴇ. — Je te comprends.

Tɪᴛ-Coǫ. — Je serai là comme une teigne! Cet enfant-là, il saura, lui, aussitôt l'œil ouvert, qui est-ce qui est son père. Je veux pouvoir lui pincer les joues et lui mordre les cuisses dès qu'il les aura nettes; pas le trouver à moitié élevé à l'âge de deux, trois ans. J'ai manqué la première partie de ma vie, tant pis,
65 on n'en parle plus. Mais la deuxième, j'y goûterai d'un bout à l'autre, par exemple!... Et lui, il aura une vraie belle petite gueule, comme sa mère[1].

---

1. Gratien GÉLINAS. *Tit-Coq*, Montréal, Éditions de l'Homme, 1968, p. 87-92.

DOCUMENTAIRE

L'émergence de la sexualité

En 1950, lorsqu'il enregistre la chanson française *Clémentine*, le fantaisiste québécois Jacques Normand doit en modifier les paroles : «Deux petits seins bien
sages, comme c'est joli» est remplacé par «Deux épaules bien sages, comme
c'est joli». Puis, avec des écrivains comme Yves Thériault, on
assiste à l'émergence de la sexualité dans la littérature québécoise.
Celle-ci prend souvent place naturellement dans le cadre d'histoires liées à la nature, aux animaux et aux humains. Mais Thériault
pousse parfois l'audace jusqu'à écrire des textes dont le but premier est d'être érotiques. Un exemple en est *Œuvre de chair*[1],
recueil où chaque nouvelle renferme, au surplus, une recette de
cuisine. Sa fille, Marie-José Thériault (1945-), après avoir fait carrière dans la danse et la chanson, emprunte des chemins similai-
res et signe de magnifiques livres, tels que *Lettera amorosa*[2], titre
emprunté à un poème de l'écrivain français René Char.

John Lyman (1886-1967). *Trouble* (1938).
Huile sur carton, 66 × 50,8 cm. Collection : Musée national
des beaux-arts du Québec (2006.014), Québec, Québec.

SYNTHÈSE **Qui fait quoi ?**

Les courants littéraires	Les œuvres et les auteurs
Le réalisme (ou le néoréalisme) Une description détaillée et fidèle des milieux populaires ou urbains, préconisant des sujets comme la ville, la pauvreté, la souffrance, l'aliénation et la famille.	*Bonheur d'occasion,* de Gabrielle Roy, *Les Plouffe,* de Roger Lemelin, *Le feu dans l'amiante,* de Jean-Jules Richard, et *Poussière sur la ville,* d'André Langevin.
L'automatisme Un courant esthétique et littéraire laissant les mots ou les gestes jaillir de l'inconscient sans censure, les images et les sonorités l'emportant sur le sens lui-même.	*Refus global,* de Paul-Émile Borduas et autres signataires, et toute l'œuvre de Claude Gauvreau.
L'Hexagone et l'âge de la parole Un lieu et une attitude qui, sans constituer un courant littéraire à proprement parler, permettent aux poètes de s'exprimer, notamment sur le thème du pays à naître.	Gaston Miron (*L'homme rapaillé*), Paul-Marie Lapointe, Roland Giguère et autres poètes.

1. Yves THÉRIAULT. *Œuvre de chair*, Montréal, VLB, 1982, 166 p.
2. Marie-Josée THÉRIAULT. *Lettera amorosa*, Montréal, Hurtubise HMH, 1978, 90 p.

Chapitre 5

Vers un État dans l'État

Alfred Pellan (1906-1988). *Croissant de lune* (1960).
Huile et encre de Chine sur papier marouflé sur panneau,
33,5 × 26,8 cm. Collection: Musée d'art de Joliette,
Joliette, Québec.

Au fil du temps

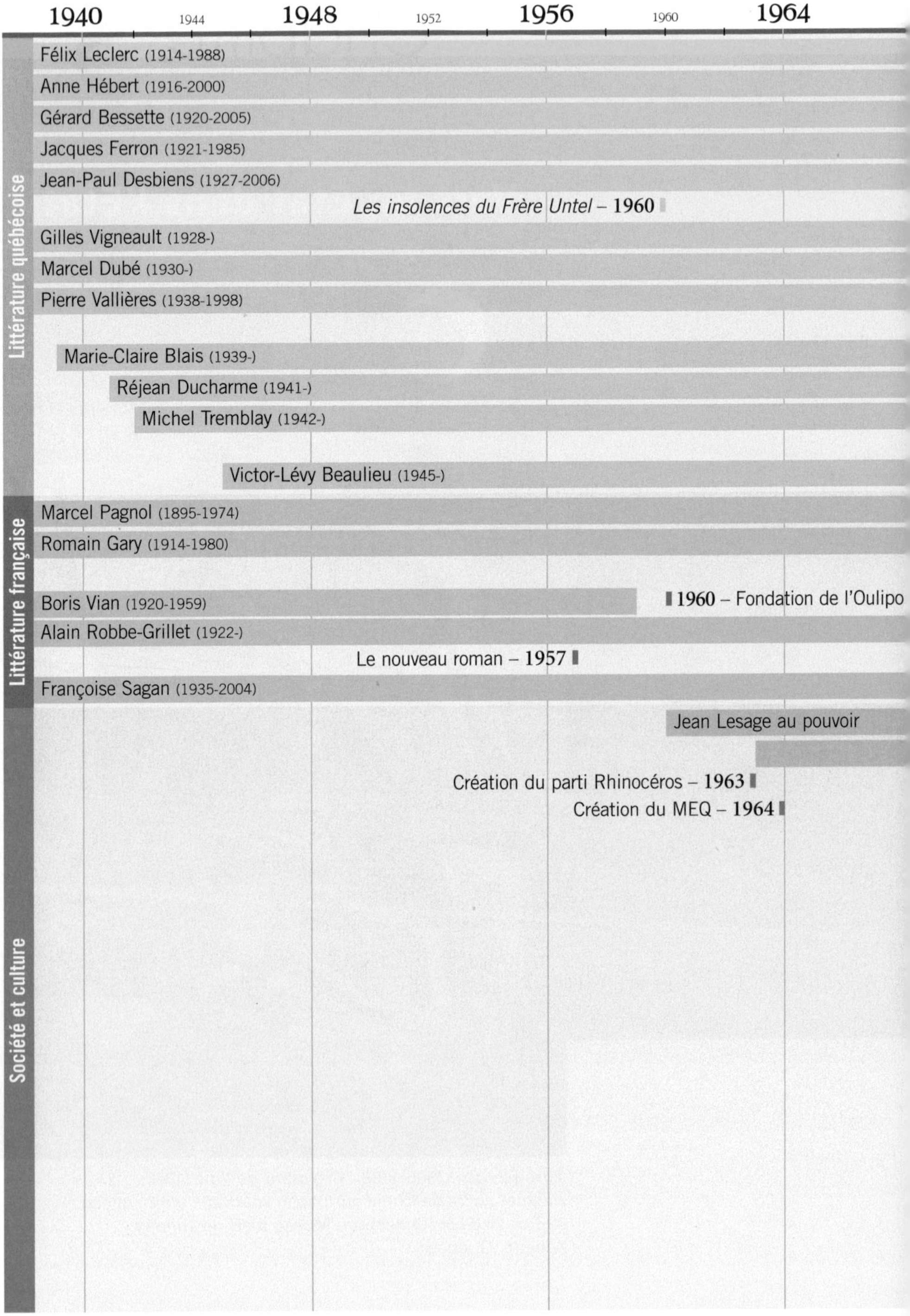

	1940	1944	1948	1952	1956	1960	1964

Littérature québécoise

Félix Leclerc (1914-1988)

Anne Hébert (1916-2000)

Gérard Bessette (1920-2005)

Jacques Ferron (1921-1985)

Jean-Paul Desbiens (1927-2006)

Les insolences du Frère Untel – **1960**

Gilles Vigneault (1928-)

Marcel Dubé (1930-)

Pierre Vallières (1938-1998)

Marie-Claire Blais (1939-)

Réjean Ducharme (1941-)

Michel Tremblay (1942-)

Victor-Lévy Beaulieu (1945-)

Littérature française

Marcel Pagnol (1895-1974)

Romain Gary (1914-1980)

Boris Vian (1920-1959)   **1960** – Fondation de l'Oulipo

Alain Robbe-Grillet (1922-)

Le nouveau roman – **1957**

Françoise Sagan (1935-2004)

Jean Lesage au pouvoir

Création du parti Rhinocéros – **1963**

Création du MEQ – **1964**

Société et culture

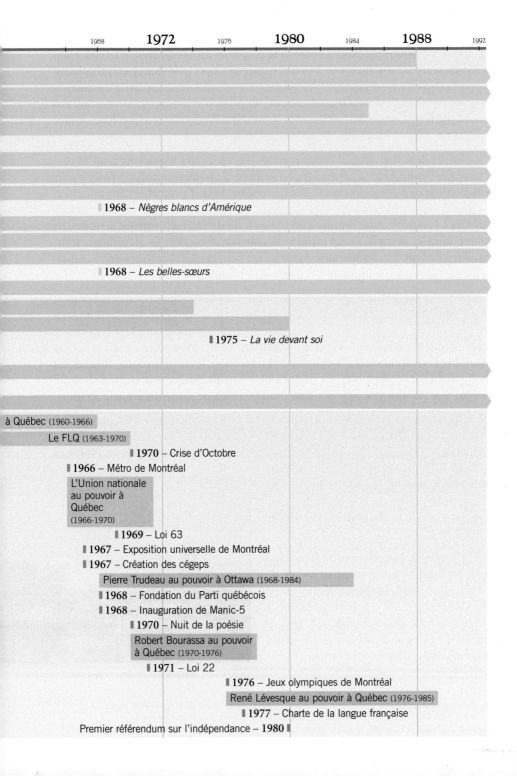

1968   **1972**   1976   **1980**   1984   **1988**   1992

▌ **1968** – *Nègres blancs d'Amérique*

▌ **1968** – *Les belles-sœurs*

▌ **1975** – *La vie devant soi*

à Québec (1960-1966)

Le FLQ (1963-1970)

▌ **1970** – Crise d'Octobre

▌ **1966** – Métro de Montréal

L'Union nationale au pouvoir à Québec (1966-1970)

▌ **1969** – Loi 63

▌ **1967** – Exposition universelle de Montréal

▌ **1967** – Création des cégeps

Pierre Trudeau au pouvoir à Ottawa (1968-1984)

▌ **1968** – Fondation du Parti québécois

▌ **1968** – Inauguration de Manic-5

▌ **1970** – Nuit de la poésie

Robert Bourassa au pouvoir à Québec (1970-1976)

▌ **1971** – Loi 22

▌ **1976** – Jeux olympiques de Montréal

René Lévesque au pouvoir à Québec (1976-1985)

▌ **1977** – Charte de la langue française

Premier référendum sur l'indépendance – **1980** ▌

LE CONTEXTE SOCIOHISTORIQUE (1960-1976)

Le début de la période 1960-1976 est marqué par ce que les historiens ont appelé la « Révolution tranquille ». Celle-ci se préparait depuis un certain temps, ayant pris naissance au sein même de l'Union nationale : alors qu'il remplaçait Duplessis, après la mort de celui-ci en 1959, Paul Sauvé avait adopté le slogan « Désormais », qui annonçait précisément le changement[1]. Cependant, c'est avec l'élection du Parti libéral de Jean Lesage, en 1960, que la Révolution tranquille se concrétise. À tous points de vue, le Québec ne sera plus le même.

En 1960, le Parti libéral dirigé par Jean Lesage prend le pouvoir pour la première fois depuis 1939. Appuyé par une « équipe du tonnerre » composée de jeunes intellectuels dynamiques comme René Lévesque, le chef promet le changement et la modernisation. Le slogan « C'est le temps que ça change » retentit sur toutes les tribunes. Il exprime une rupture avec le passé, il est vrai, mais surtout la recherche d'une identité nouvelle : « À l'identité canadienne-française, [la Révolution tranquille] substituera l'identité québécoise[2]. » De fait, les Québécois aspirent à la maîtrise économique, politique et culturelle de leur destin.

D'une certaine façon, le Québec se joint à un vaste mouvement européen et nord-américain prônant une expansion de l'intervention de l'État dans les domaines de l'éducation, de la santé et de l'économie. En quelques années, un État-providence encadre et dispense les services à la population. L'éducation est réorganisée autour de nouvelles institutions : le ministère de l'Éducation, les commissions scolaires, les polyvalentes, les cégeps et le réseau de l'Université du Québec. Le réseau de la santé est lui aussi transformé : en dix ans, tous les soins de santé deviennent gratuits.

Sur le plan économique, l'État nationalise l'électricité et prend le contrôle des ressources naturelles québécoises, jusque-là monopolisées par des intérêts privés. Les compagnies privées d'hydroélectricité sont intégrées à Hydro-Québec. Plusieurs sociétés d'État sont créées afin de favoriser le développement économique du Québec. C'est le moyen de devenir « maîtres chez nous », comme le revendique le slogan libéral de 1962.

De grands projets rassemblent aussi la population – notamment le métro de Montréal en 1966, l'Exposition universelle de Montréal en 1967, le barrage Manic-5 en 1968 et les Jeux olympiques de Montréal en 1976 –, ce qui favorise une ouverture sur les autres cultures et le monde.

Exposition universelle de Montréal, 1967.

---

1. Au cours des cent jours durant lesquels il a exercé le pouvoir avant de mourir, Paul Sauvé a envisagé une réforme de l'éducation et une politique d'assurance hospitalisation.
2. Marc LESAGE et Francine TARDIF. *30 ans de Révolution tranquille*, Montréal, Bellarmin, 1989, p. 176.

Parallèlement, la société québécoise, si longtemps dominée par la religion et le clergé, vit des changements profonds. L'espace public devient laïque. Les communautés religieuses sont évincées des sphères de l'éducation, de la santé et des services sociaux. Nombre de prêtres, de religieux et de religieuses se défroquent. Les églises catholiques se vident. La femme devient l'égale de son mari sur le plan juridique. L'union libre et le divorce gagnent en popularité, la contraception est de plus en plus courante, et le taux de natalité diminue. Dès 1970, la famille typique compte moins de deux enfants.

Sur le plan politique, une idéologie nouvelle émerge: l'indépendantisme. Le Ralliement national (RN), le Ralliement pour l'indépendance nationale (RIN) et le Parti québécois (PQ) prônent l'accès à l'indépendance à travers un processus démocratique. Le Front de libération du Québec (FLQ) choisit pour sa part la voie du terrorisme. Son action culmine avec l'enlèvement de James Cross, un diplomate britannique, et celui de Pierre Laporte, le ministre du Travail du Québec, qui aboutissent à la crise d'Octobre 1970. Après la mort de Laporte, le gouvernement fédéral adopte la Loi des mesures de guerre, qui suspend les libertés individuelles au Québec. Le domaine de la langue est lui aussi en pleine ébullition. Plus que jamais, on s'interroge sur la singularité d'être un peuple francophone dans une Amérique du Nord anglophone.

DES ESSAIS AUX RETENTISSEMENTS PROFONDS

Si de petits groupes, tels que Parti pris, s'ajoutent à ceux qui remettaient déjà en cause l'ordre établi dans la société, quelques essais importants accélèrent les changements liés à la Révolution tranquille. Mais l'un des événements déclencheurs de la grande métamorphose que vit la société québécoise dès 1960 est la publication des *Insolences du Frère Untel*, de Jean-Paul Desbiens (1927-2006).

Après avoir signé quelques lettres ouvertes dans *Le Devoir* sous le pseudonyme de Frère Untel, Jean-Paul Desbiens, de la communauté des frères maristes, accepte de publier son pamphlet aux Éditions de l'Homme en 1960. En désespoir de cause, les autorités religieuses tentent d'empêcher la publication de l'ouvrage, mais il est trop tard: les presses tournent déjà à plein. L'ouvrage se vend à plus de 130 000 exemplaires et Desbiens joue un rôle de premier plan dans cette période déterminante de l'histoire du Québec.

Les insolences du Frère Untel sont une dénonciation de la peur chronique dans laquelle la religion catholique a maintenu la population du Québec, ainsi que de la pauvreté de la pensée canadienne-française. Desbiens s'insurge contre la piètre qualité de notre langue parlée et écrite, et contre les aberrations d'un système d'enseignement dirigé par un département de l'Instruction publique sclérosé. Si les idées frappent et scandalisent, le ton du texte étonne tout autant, sinon plus. Lorsque le Frère Untel raconte, comme le lui suggère un prêtre, que la patronne des Canadiens français devrait être Notre-Dame-de-la-Trouille et qu'on devrait lui ériger une basilique et y organiser des pèlerinages, les réactions fusent de partout.

Le pamphlet de Desbiens laisse entrevoir en filigrane les bouleversements sociaux considérables à venir, dont certains seront en bonne partie le fruit de ses dénonciations. En 1964, le rapport Parent débouche sur la création du ministère de l'Éducation. Cet événement est l'aboutissement de l'offensive menée par le Frère Untel contre le département de l'Instruction publique, devenu tout à fait obsolète. Les coups de Desbiens sont directs et atteignent leur cible. Les passages qu'il consacre au joual feront aussi couler beaucoup d'encre.

Jean-Paul Desbiens (1927-2006)

Les insolences du Frère Untel

Échec de notre enseignement du français

1 – La langue jouale

Le 21 octobre 1959, André Laurendeau publiait une *Actualité* dans *Le Devoir,* où il qualifiait le parler des écoliers canadiens-français de « parler joual ». C'est
5 donc lui, et non pas moi, qui a inventé ce nom. Le nom est d'ailleurs fort bien choisi. Il y a proportion entre la chose et le nom qui la désigne. Le mot est odieux et la chose est odieuse. Le mot joual est une espèce de description ramassée de ce que c'est que le parler joual : parler joual, c'est précisément dire joual au lieu de cheval. C'est parler comme on peut supposer que les
10 chevaux parleraient s'ils n'avaient pas déjà opté pour le silence et le sourire de Fernandel.

Nos élèves parlent joual, écrivent joual et ne veulent pas parler ni écrire autrement. Le joual est leur langue. Les choses se sont détériorées à tel point qu'ils ne savent même plus déceler une faute qu'on leur pointe du bout du crayon
15 en circulant entre les bureaux. « L'homme que je parle » – « nous allons se déshabiller » – etc… ne les hérisse pas. Cela leur semble même élégant. Pour les fautes d'orthographe, c'est un peu différent ; si on leur signale du bout du crayon une faute d'accord ou l'omission d'un *s,* ils savent encore identifier la faute. Le vice est donc profond : il est au niveau de la syntaxe. Il est aussi au
20 niveau de la prononciation : sur vingt élèves à qui vous demandez leur nom, au début d'une classe, il ne s'en trouvera pas plus de deux ou trois dont vous saisirez le nom du premier coup. Vous devrez faire répéter les autres. Ils disent leur nom comme on avoue une impureté.

Le joual est une langue désossée : les consonnes sont toutes escamotées,
25 un peu comme dans les langues que parlent (je suppose, d'après certains disques) les danseuses des Îles-sous-le-Vent : oula-oula-alao-alao. On dit : « chu pas apable », au lieu de : je ne suis pas capable ; on dit : « l'coach m'enweille cri les mit du gôleur », au lieu de : le moniteur m'envoie chercher les gants du gardien, etc… Remarquez que je n'arrive pas à signifier phonétiquement le
30 parler joual. Le joual ne se prête pas à une fixation écrite. Le joual est une décomposition ; on ne fixe pas une décomposition, à moins de s'appeler Edgar Poe. Vous savez : le conte où il parle de l'hypnotiseur qui avait réussi à *geler* la décomposition d'un cadavre. C'est un bijou de conte, dans le genre horrible.

Cette absence de langue qu'est le joual est un cas de notre inexistence, à nous,
35 les Canadiens français. On n'étudiera jamais assez le langage. Le langage est
le lieu de toutes les significations. Notre inaptitude à nous affirmer, notre refus
de l'avenir, notre obsession du passé, tout cela se reflète dans le joual, qui est vraiment notre
40 langue. Je signale en passant l'abondance, dans notre parler, des locutions négatives. Au lieu de dire qu'une femme est belle, on dit qu'elle n'est pas laide ; au lieu
45 de dire qu'un élève est intelligent, on dit qu'il n'est pas bête ; au lieu de dire qu'on se porte bien, on dit que ça va pas pire, etc... [...]

On est amené ainsi au cœur du pro-
50 blème, qui est un problème de civilisation. Nos élèves parlent joual parce qu'ils pensent joual, et ils pensent joual parce qu'ils vivent joual, comme tout le monde par ici[1].

Dans un registre très différent de celui des *Insolences du Frère Untel*, Pierre Vallières (1938-1998) publie en 1968 *Nègres blancs d'Amérique*, un essai écrit en prison dans lequel il décrit son cheminement vers l'indépendantisme et le socialisme. En 1966, l'Union nationale, alors dirigée par Daniel Johnson, vient de réussir un surprenant retour au pouvoir, portée par le slogan « Égalité ou indépendance ». Les membres du Front de libération du Québec (FLQ) reprennent espoir, sentant que le Québec s'approche de l'objectif ultime. Le FLQ, mouvement révolutionnaire fondé en 1963, utilise la propagande et le terrorisme (il fait même exploser des bombes dans des boîtes aux lettres) pour promouvoir la création d'un Québec indépendant et socialiste.

Considéré comme le principal théoricien du FLQ, Vallières déclare à propos de *Nègres blancs d'Amérique* : « Je n'ai d'autre prétention, en écrivant ce livre, que de témoigner de la détermination des travailleurs du Québec à mettre un terme à trois siècles d'exploitation, d'injustices silencieusement subies, de sacrifices inutilement consentis, d'insécurité résignée ; de témoigner de leur détermination nouvelle, et de plus en plus énergique, à prendre le contrôle de leurs affaires économiques, politiques et sociales, et à transformer en une société plus juste et plus fraternelle ce pays, le Québec, qui est le leur, dont ils ont toujours formé

---

1. Jean-Paul DESBIENS. *Les insolences du Frère Untel*, Montréal, Éditions de l'Homme, 1960, p. 23-26.

l'immense majorité des citoyens et des producteurs de la richesse "nationale" sans jamais, pourtant, bénéficier du pouvoir économique et de la liberté politique et sociale auxquels leur nombre et leur travail donnent droit[1]. »

Vallières, pour qui un nègre est un esclave, explique que la lutte de libération entreprise par les Noirs américains peut se révéler éclairante pour les Québécois, car ceux-ci ont conscience de leur condition de nègres et d'exploités, c'est-à-dire de citoyens de seconde classe.

Parmi les autres essayistes respectés, citons Fernand Dumont (1927-1997), auteur de dizaines d'essais, et Pierre Vadeboncoeur (1920-), auteur notamment de *La ligne du risque,* publiée dès 1963. Dumont s'emploie à retracer la genèse des blocages qui habitent la mémoire collective québécoise, tandis que Vadeboncoeur opte clairement pour l'option indépendantiste.

LES ROMANCIERS ET LA LANGUE

À partir de 1960, les Québécois adhèrent massivement au discours du changement et le traduisent dans plusieurs domaines. En littérature, ce changement passe d'abord par de nouvelles façons d'utiliser la langue, ne serait-ce que par le joual dans certains cas, mais aussi par une volonté de laisser de côté le passé afin de mieux se pencher sur le présent. Au fond, les romanciers révèlent une fierté nouvelle des Québécois pour ce qu'ils sont.

Le roman *Le libraire,* de Gérard Bessette (1920-2005), est représentatif de ce mouvement. Réjean Beaudoin écrit : « *Le libraire* (1960), de Gérard Bessette, marque bien le passage puisque l'intrigue tourne autour d'un livre vendu à un collégien par un libraire insoucieux de la loi de l'Index. Au-delà de cette anecdote, la narration laconique d'Hervé Jodoin agit comme une véritable tempête sur le village frileux de Saint-Joachim. Le décor désuet et la société léthargique qui encadrent les péripéties de cet "opéra-comique" montrent le roman du groupe révélé comme en négatif dans le journal intime d'un héros solitaire qui se veut étranger à la culture globale des Joachimiens. L'ère sartrienne de *La nausée* (1938) vient de rattraper le roman québécois[2]. »

Dans *Le libraire,* Gérard Bessette utilise un style dépouillé et résolument moderne, à l'image de ce que font des écrivains français comme Sartre ou Camus, que l'Église québécoise interdit de lire à l'époque. Mais, avant tout, *Le libraire* critique une société hypocrite et étouffée par des valeurs qui ne méritent pas d'être conservées. En ce sens, le roman de Bessette marque le début de la littérature engagée.

---

1. Pierre VALLIÈRES. *Nègres blancs d'Amérique*, Montréal, Typo, « Essais », 1994, p. 55.
2. Réjean BEAUDOIN. *Le roman québécois*, Montréal, Boréal, « Boréal express », 1991, p. 39.

Gérard Bessette (1920-2005)

Le libraire

1 Puis, un matin, M. le curé est entré. J'ai su que c'était
lui parce que les trois vieilles filles l'ont salué par son
titre. À ma connaissance, c'était la première fois qu'il
mettait les pieds dans notre établissement. Je supposai
5 qu'il n'était pas lecteur – à moins qu'il ne s'approvision-
nât ailleurs. C'est un homme obèse, frisant la soixantaine, fort bien conservé,
teint vermeil, nez épaté, front fuyant, chevelure en panache, et qui parle d'une
voix traînante et solennelle. Il s'est approché de moi pour me demander en un
chuchotement si j'étais « en charge de la vente des livres ». De toute évidence il
10 ne voulait pas que ces demoiselles entendissent notre conversation. Je me souviens qu'un silence absolu planait dans la librairie. Je lui ai donc répondu très
distinctement que, en effet, sauf le vendredi soir où M. Chicoine était là, sauf
aussi de midi à une heure lorsque Mlle Morin me remplaçait, c'était moi qui étais
préposé au rayon des livres comme l'indiquait ma position derrière le comptoir.

15 Après un signe de tête pour me remercier, il s'est mis à examiner les livres
étalés sur les rayons. Il m'a même prié de lui prêter un petit escabeau afin
de consulter les titres des volumes haut placés. De temps en temps, il compa-
rait certains titres à une liste qu'il avait tirée de sa poche et il hochait la tête.
Je l'ai laissé faire, assis sur mon tabouret où j'ai finalement réussi à somnoler
20 comme d'habitude. Au bout d'un certain temps, M. le curé est descendu et
m'a demandé de la même voix confidentielle si nous n'avions pas en stock
« certains livres dangereux ». Je l'ai regardé l'air perplexe en relevant les sourcils et l'ai prié de m'éclairer sur ce qu'il entendait par « livres dangereux ». Un
soupçon d'impatience a percé dans sa voix :

25 — Vous savez bien ce que je veux dire, voyons ! Des livres qu'il ne faut pas
mettre entre toutes les mains.

Je lui ai répondu que je n'en savais rien, attendu que je ne lisais pas moi-même
et que, même si j'avais lu, je n'aurais pas osé porter de jugement là-dessus.
Il m'a fixé quelques instants sans bouger. Il se demandait sans doute si j'étais
30 aussi stupide que j'en avais l'air.

— N'avez-vous pas un guide qui vous donne la cote morale des livres que
vous vendez ? s'enquit-il.

Je lui ai répondu que je l'ignorais mais que, s'il voulait bien me donner le titre
de ce livre de cotes, je consulterais nos listes. Il a alors mentionné *Le père
35 Sagehomme* et *L'abbé Bethléem*.

[...]

Les sourcils froncés, il m'a dévisagé encore un long moment. Puis, brusquement, il a sorti un livre de la poche intérieure de son paletot et me l'a tenu
quelques secondes sous le nez.

40 — Vous connaissez ce volume ? m'a-t-il demandé d'une voix sévère[1].

---

1. Gérard BESSETTE. *Le libraire*, Montréal, Éditions Pierre Tisseyre, 1993, p. 65-68.

COURANT LITTÉRAIRE   LA LITTÉRATURE ENGAGÉE

Définition : la recherche de l'identité collective à partir de l'identité individuelle.
Thèmes : la politique, la religion, le langage, le passé, les relations humaines.
Genres : le roman, la poésie, le théâtre et l'essai.

Tout en exerçant la médecine, Jacques Ferron (1921-1985), quant à lui, écrit une œuvre à la fois abondante, engagée et polymorphe. Ses romans, contes, pièces, essais et articles sont marqués par ce que Victor-Lévy Beaulieu appelle « l'esprit ferronnien, celui du conteur voyageant de la tradition orale à la tradition écrite[1] ». Sa narration joue tantôt sur les tons graves, tantôt sur les tons comiques. En s'appuyant sur une connaissance profonde du Québec, Ferron explore de nombreux thèmes, allant de l'enfance, dans le roman *L'amélanchier*, à la folie, dans le conte *Retour à Val-d'Or*.

ŒUVRE Jacques Ferron (1921-1985)

Retour à Val-d'Or

Une nuit, le mari s'éveilla ; sa femme accoudée le regardait. Il demanda : « Que fais-tu là ? » Elle répondit : « Tu es beau, je t'aime. » Le lendemain, au petit jour, elle dormait profondément. Il la secoua. Il avait faim. Elle dit :

5   — Dors encore ; je te ferai à dîner.

— Et qui ira travailler ?

— Demain, tu iras. Aujourd'hui, reste avec moi. Tu es beau, je t'aime.

Alors, lui, qui était surtout laid, faillit ne pas aller travailler. Il faisait bon au logis ; ses enfants éveillés le regardaient de leurs yeux de biche ; il aurait aimé
10 les prendre dans ses bras et les bercer. Mais c'était l'automne ; il pensa au prix de la vie ; il se rappela les autres enfants, trois ou quatre, peut-être cinq, morts en Abitibi, fameux pays. Et il partit sans déjeuner.

Le soir, il se hâta de revenir ; ce fut pour trouver la maison froide. Sa femme et les enfants avaient passé la journée au lit, sous un amas de couvertures.
15 Il ralluma le feu. Quand la maison fut réchauffée, les enfants se glissèrent en bas du lit. Puis la femme se leva, joyeuse. Elle tenait dans sa main une petite fiole de parfum, achetée quelques années auparavant, une folie si agréable qu'elle l'avait conservée intacte. La fiole elle déboucha, le parfum elle répandit sur la tête de son mari, sur la sienne, sur celle des enfants ; et ce fut soir de
20 fête. Seul le mari boudait. Mais durant la nuit il se réveilla ; sa femme penchée disait : « tu es beau, je t'aime. » Alors il céda.

---

1. Victor-Lévy BEAULIEU. *Docteur Ferron*, Montréal, Stanké, 1991, p. 12.

Le lendemain, il n'alla point travailler ni les jours suivants. Après une semaine, sa provision de bois épuisée, il avait entrepris de démolir un hangar attenant à la maison. Le propriétaire de s'amener, furieux. Cependant, lorsqu'il eut vu
25 de quoi il s'agissait, il se calma. La femme était aussi belle que son mari était laid. Il la sermonna doucement. Il parlait bien, ce propriétaire ! Elle aurait voulu qu'il ne s'arrêtât jamais. Il lui enseigna que l'homme a été créé pour travailler et autres balivernes du genre. Elle acquiesçait ; que c'était beau, ce qu'il disait ! Quand il eut séché sa salive, il lui demanda : « Maintenant, laisseras-tu tra-
30 vailler ton mari ? »

— Non, répondit-elle, je l'aime trop.

— Mais cette femme est folle, s'écria le propriétaire.

Le mari n'en était pas sûr. On fit venir des curés, des médecins, des échevins. Tous, ils y allèrent d'un boniment. Ah, qu'ils parlaient bien ! La femme aurait
35 voulu qu'ils ne s'arrêtassent jamais, au moins qu'ils parlassent toute la nuit. Seulement quand ils avaient fini, elle disait : « Non, je l'aime trop. » Eux la jugeaient folle. Le mari n'en était pas sûr.

Un soir, la neige se mit à tomber. La femme qui, depuis leur arrivée à Montréal, n'avait osé sortir, terrifiée par la ville, s'écria :

40 — Il neige ! Viens, nous irons à Senneterre.

Et de s'habiller en toute hâte.

— Mais les enfants ? demanda le mari.

— Ils nous attendront ; la Sainte Vierge les gardera. Viens, mon mari, je ne peux plus rester ici.

45 Alors il jugea lui-même que sa femme était folle et prit les enfants dans ses bras. Elle était sortie pour l'attendre dans la rue. Il la regarda par la fenêtre. Elle courait en rond devant la porte, puis s'arrêtait, ne pouvant plus attendre.

— Nous irons à Malartic, criait-elle, nous irons à Val-d'Or !

Un taxi passait. Elle y monta[1].

L'apport des romanciers Jacques Renaud (1943-) et Hubert Aquin (1929-1977) est également indéniable. Avec *Le cassé*, en 1964, Renaud provoque un scandale en usant d'une langue extrêmement vulgaire aux oreilles de certains. Quant à Aquin, à la fois révolutionnaire et aristocrate, il expérimente et innove sans cesse dans des romans comme *Prochain épisode*, *Trou de mémoire* ou *L'antiphonaire*. En 1977, il met fin à ses jours d'un coup de fusil.

---

1. Jacques FERRON. *Contes*, Montréal, Hurtubise HMH, « L'arbre », 1968, p. 11-12.

Le plus prolifique de ces romanciers est Victor-Lévy Beaulieu (1945-). Magicien du langage comme Jacques Ferron, il désire être Victor Hugo ou rien d'autre. Tout en travaillant comme éditeur, il écrit sans arrêt et consacre des ouvrages à des auteurs hors du commun comme Hugo, Melville ou Joyce. «Elle est là, l'exception VLB : non pas désirer être écrivain comme tout le monde, mais être aussi grand que les plus grands. Et surtout, chaque jour, prendre les moyens pour y parvenir[1]. »

Axée autour du concept de littérature nationale, fondatrice d'un Québec indépendant, l'œuvre de Victor-Lévy Beaulieu compte plus de 70 livres et 35 000 pages de téléromans, n'excluant aucun sujet. Dans son roman *Un rêve québécois,* par exemple, Beaulieu situe son intrigue en pleine crise d'Octobre 1970, à «Morial Mort» (Montréal-Nord), tandis que le FLQ a enlevé deux otages et que sévissent la Loi des mesures de guerre et l'armée canadienne.

Jacques Godbout (1933-) et Réjean Ducharme (1941-) sont aussi des romanciers importants de cette époque. Avec *Salut Galarneau!* ou *D'amour, P. Q.,* Godbout aborde des idées neuves comme l'américanité du Québec ou la société de consommation. Avec *L'avalée des avalés* ou *L'hiver de force,* Ducharme – dont on ne connaît que deux photos – bouscule notre tradition romanesque en distillant un mélange de délire et de révolte. La première page de *L'avalée des avalés* en offre un avant-goût. Bérénice, la narratrice, s'y présente au lecteur.

Réjean Ducharme (1941-)

L'avalée des avalés

Tout m'avale. Quand j'ai les yeux fermés, c'est par mon ventre que je suis avalée, c'est dans mon ventre que j'étouffe. Quand j'ai les yeux ouverts, c'est par ce que je vois que je suis avalée, c'est dans le ventre de ce que je vois que je suffoque. Je suis avalée par le fleuve trop grand, par le ciel trop haut, par

5 les fleurs trop fragiles, par les papillons trop craintifs, par le visage trop beau de ma mère. Le visage de ma mère est beau pour rien. S'il était laid, il serait laid pour rien. Les visages, beaux ou laids, ne servent à rien. On regarde un visage, un papillon, une fleur, et ça nous travaille, puis ça nous irrite. Si on se laisse faire, ça nous désespère. Il ne devrait pas y avoir de visages, de

10 papillons, de fleurs. Que j'aie les yeux ouverts ou fermés, je suis englobée : il n'y a plus assez d'air tout à coup, mon cœur se serre, la peur me saisit.

L'été, les arbres sont habillés. L'hiver, les arbres sont nus comme des vers. Ils disent que les morts mangent les pissenlits par la racine. Le jardinier a trouvé deux vieux tonneaux dans son grenier. Savez-vous ce qu'il en a fait? Il les a

15 sciés en deux pour en faire quatre seaux. Il en a mis un sur la plage, et trois dans le champ. Quand il pleut, la pluie reste prise dedans. Quand ils ont soif, les oiseaux s'arrêtent de voler et viennent y boire.

---

1. François COUTURE. «L'exception VLB», *La Presse*, 122ᵉ année, nᵒ 303, dimanche 27 août 2006, p. L-3.

Je suis seule et j'ai peur. Quand j'ai faim, je mange des pissenlits par la racine et ça se passe. Quand j'ai soif, je plonge mon visage dans l'un des seaux et
20   j'aspire. Mes cheveux déboulent dans l'eau. J'aspire et ça se passe : je n'ai plus soif, c'est comme si je n'avais jamais eu soif. On aimerait avoir aussi soif qu'il y a de l'eau dans le fleuve. Mais on boit un verre d'eau et on n'a plus soif. L'hiver, quand j'ai froid, je rentre et je mets mon gros chandail bleu. Je ressors, je recommence à jouer dans la neige, et je n'ai plus froid. L'été, quand
25   j'ai chaud, j'enlève ma robe. Ma robe ne me colle plus à la peau et je suis bien, et je me mets à courir. On court dans le sable. On court, on court. Puis on a moins envie de courir. On est ennuyé de courir. On s'arrête, on s'assoit et on s'enterre les jambes. On se couche et on s'enterre tout le corps. Puis on est fatigué de jouer dans le sable. On ne sait plus quoi faire. On regarde, tout autour,
30   comme si on cherchait. On regarde, on regarde. On ne voit rien de bon. Si on fait attention quand on regarde comme ça, on s'aperçoit que ce qu'on regarde nous fait mal, qu'on est seul et qu'on a peur. On ne peut rien contre la solitude et la peur. Rien ne peut aider. La faim et la soif ont leurs pissenlits et leurs eaux de pluie. La solitude et la peur n'ont rien. Plus on essaie de les
35   calmer, plus elles se démènent, plus elles crient, plus elles brûlent. L'azur s'écroule, les continents s'abîment : on reste dans le vide, seul[1].

Autre caractéristique du roman québécois de l'époque : il reçoit l'empreinte des femmes, en particulier celle des deux figures marquantes que sont Anne Hébert (1916-2000) et Marie-Claire Blais (1939-). Chacune manie l'écriture de façon très personnelle, tout en faisant évoluer ses personnages dans un univers noir et bloqué. *Kamouraska* et *Les fous de Bassan* sont deux livres puissants de Hébert. Le premier nous ramène en 1839, entre Sorel et Kamouraska, au moment où Élisabeth, l'épouse d'Antoine Tassy, engage une lutte contre le pouvoir seigneurial et contre la domination masculine, choisissant de voir mourir son mari de la main de son amant. Quant à Marie-Claire Blais, elle reçoit en France le prestigieux prix Médicis, en 1966, pour son roman *Une saison dans la vie d'Emmanuel*. Emmanuel est le seizième enfant à naître dans une famille indigente de la campagne québécoise, où règne Grand-Mère Antoinette, personnage incarnant le douloureux destin qui attend le nouveau-né.

Jean Paul Lemieux (1904-1990). *Le Soleil dans Capricorne* [sic] (1965). Don de l'artiste, 1966. Collection de la Galerie Leonard et Bina Ellen, Université Concordia, Montréal, Québec.

---

1. Réjean DUCHARME. *L'avalée des avalés*, Paris, Gallimard, 1966. p. 7-8.

Anne Hébert (1916-2000)

Kamouraska

Mon premier fils est né. Une maladie de trente-six heures. Il a fallu mettre les fers. Antoine a disparu. On l'a retrouvé ivre mort, le quatrième jour. Couché, recroquevillé, grelottant de froid et de fièvre. Sur le
5 sable mouillé. Dans les joncs. Au bord du fleuve.

Il jure sur la tête de son fils de ne plus jamais boire. Le baptême se célèbre au champagne, tout juste arrivé de France. Antoine trinque jusque dans les cuisines et au grenier. Il cherche un potiron jaune ou vert, pour un punch de son invention.

10 — Il faut célébrer ma femme et mon fils! Une fête à tout casser! Sonnez les cloches! Carillonnez les verres. Ding! Dong! Je suis un homme fou!

Ma belle-mère trottine et sert à boire. Elle dit que son petit-fils est un braillard et son fils un double braillard.

Le monde est en ordre. Les morts dessous. Les vivants dessus. Petites images
15 de baptême. Le manoir est illuminé dans la nuit. Comme un vaisseau retiré de la mer. Hissé sur un cap. En radoub. Conservant toutes ses lumières. Sa vie fourmillante à l'intérieur. Tout le village boit et mange dans les cuisines regorgeant d'anguilles, de volailles et de caribou.

— C'est un garçon! Le seigneur a eu un fils!

20 Cette scène est joyeuse et bénéfique. Pourquoi ne pas la conserver? S'y attacher?

Un fragment de miroir tient encore au-dessus de la commode de la chambre conjugale. La suie se détache en poussière de velours. Dégage un petit hublot de tain pur. Quel joli tableau se mire dans cette eau morte. Un portrait de famille. Le père et la mère confus se penchent sur un nouveau-né tout rouge.
25 La belle-mère apporte un châle de laine du pays qu'elle vient de tricoter. La mère affirme que c'est trop rude pour son fils. La belle-mère, vexée, frappe avec sa canne sur le plancher. Trois coups bien distincts. Nous abandonne à notre destin d'histrions. Se retire. Méprisante.

— Tout ça, c'est du théâtre!

30 Nous sommes livrés à nous-mêmes. Pour le meilleur et pour le pire. Antoine Tassy et moi, Élisabeth d'Aulnières, sa femme[1].

---

1. Anne HÉBERT. *Kamouraska*, Paris, Seuil, 1970, p. 84-85. © Éditions du Seuil, 1973, collection Points, 1997.

Marie-Claire Blais (1939-)

Une saison dans la vie d'Emmanuel

Né sans bruit par un matin d'hiver, Emmanuel écoutait la voix de sa grand-mère. Immense, souveraine, elle semblait diriger le monde de son fauteuil. « Ne crie pas, de quoi te plains-tu donc? Ta mère est retournée
5   à la ferme. Tais-toi jusqu'à ce qu'elle revienne. Ah! déjà tu es égoïste et méchant, déjà tu me mets en colère! » Il appela sa mère. « C'est un bien mauvais temps pour naître, nous n'avons jamais été aussi pauvres, une saison dure pour tout le monde, la guerre, la faim, et puis tu es le seizième... » Elle se plaignait à voix basse, elle égrenait un chapelet gris accro-
10   ché à sa taille. Moi aussi j'ai mes rhumatismes, mais personne n'en parle. Moi aussi, je souffre. Et puis, je déteste les nouveau-nés; des insectes dans la poussière! Tu feras comme les autres, tu seras ignorant, cruel et amer... « Tu n'as pas pensé à tous ces ennuis que tu m'apportes, il faut que je pense à tout, ton nom, le baptême... »

15   Il faisait froid dans la maison. Des visages l'entouraient, des silhouettes apparaissaient. Il les regardait mais ne les reconnaissait pas encore. Grand-Mère Antoinette était si immense qu'il ne la voyait pas en entier. Il avait peur. Il diminuait, il se refermait comme un coquillage. « Assez, dit la vieille femme, regarde autour de toi, ouvre les yeux, je suis là, c'est moi qui commande ici!
20   Regarde-moi bien, je suis la seule personne digne de la maison. C'est moi qui habite la chambre parfumée, j'ai rangé les savons sous le lit... Nous aurons beaucoup de temps, dit Grand-Mère, rien ne presse pour aujourd'hui... »

Sa grand-mère avait une vaste poitrine, il ne voyait pas ses jambes sous les jupes lourdes mais il les imaginait, bâtons secs, genoux cruels, de quels vête-
25   ments étranges avait-elle enveloppé son corps frissonnant de froid?

Il voulait suspendre ses poings fragiles à ses genoux, se blottir dans l'antre de sa taille, car il découvrait qu'elle était si maigre sous ces montagnes de linge, ces jupons rugueux, que pour la première fois il ne la craignait pas. [...]

— Mon Dieu, un autre garçon, qu'est-ce que nous allons devenir? Mais elle
30   se rassurait aussitôt: Je suis forte, mon enfant. Tu peux m'abandonner ta vie. Aie confiance en moi.

Il l'écoutait. Sa voix le berçait d'un chant monotone, accablé. Elle l'enveloppait de son châle, elle ne le caressait pas, elle le plongeait plutôt dans ce bain de linges et d'odeurs. Il retenait sa respiration. Parfois, sans le vouloir, elle le
35   griffait légèrement de ses doigts repliés, elle le secouait dans le vide, et à nouveau il appelait sa mère. « Mauvais caractère », disait-elle avec impatience. Il rêvait du sein de sa mère qui apaiserait sa soif et sa révolte.

— Ta mère travaille comme d'habitude, disait Grand-Mère Antoinette. C'est une journée comme les autres. Tu ne penses qu'à toi. Moi aussi j'ai du travail. Les
40 nouveau-nés sont sales. Ils me dégoûtent. Mais tu vois, je suis bonne pour toi, je te lave, je te soigne, et tu seras le premier à te réjouir de ma mort...

Mais Grand-Mère Antoinette se croyait immortelle. Toute sa personne triomphante était immortelle aussi pour Emmanuel qui la regardait avec étonnement. « Oh ! Mon enfant, personne ne t'écoute, tu pleures vainement, tu
45 apprendras vite que tu es seul au monde ! »

— Toi aussi tu auras peur...

Les rayons de soleil entraient par la fenêtre. Au loin, le paysage était confus, inabordable. Emmanuel entendait des voix, des pas, autour de lui. Il tremblait de froid tandis que sa grand-mère le lavait, le noyait plutôt à plusieurs
50 reprises dans l'eau glacée... « Voilà, disait-elle, c'est fini. Il n'y a rien à craindre. Je suis là, on s'habitue à tout, tu verras. »

Elle souriait. Il désirait respecter son silence ; il n'osait plus se plaindre car il lui semblait soudain avoir une longue habitude du froid, de la faim, et peut-être même du désespoir. Dans les draps froids, dans la chambre froide, il a été
55 rempli d'une étrange patience, soudain. Il a su que cette misère n'aurait pas de fin, mais il a consenti à vivre[1].

Les caractéristiques des romans décrits dans cette section permettent de les classer par thèmes : les romans de la dénonciation, comme *Le libraire* ou *Une saison dans la vie d'Emmanuel*, qui s'en prennent, d'une certaine façon, à la censure et à l'image de la grosse famille étouffante ; les romans symboliques, comme ceux d'Anne Hébert et de Réjean Ducharme ; et, enfin, les romans sur la quête de l'identité, comme ceux de Jacques Ferron, de Victor-Lévy Beaulieu et de Jacques Godbout.

◼ DOCUMENTAIRE

ENCADRÉ

Le parti Rhinocéros

En 1963, bien avant la naissance du Bloc québécois, Jacques Ferron crée le parti Rhinocéros, qui permet de canaliser le vote indépendantiste au Québec lors des élections fédérales. Ses membres promettent d'exiger un recompte des votes s'ils sont élus et de renier leurs promesses, parmi lesquelles on trouve les suivantes :

– abolir la loi de la gravité ;

---

1. Marie-Claire BLAIS. *Une saison dans la vie d'Emmanuel*, Montréal, Éditions du Jour, 1965, p. 7-9.

- réduire la vitesse de la lumière parce qu'elle est trop rapide;

- démolir les Rocheuses, de sorte que les électeurs de l'Alberta puissent voir le coucher du soleil du Pacifique, ou les déplacer d'un mètre vers l'ouest afin de créer des emplois;

- déclarer la guerre à la Belgique, car un personnage de bande dessinée belge, Tintin, a tué un rhinocéros dans un album;

- déménager le Vatican à Saint-Bruno-de-Montarville pour stimuler le tourisme.

L'EXPLOSION D'UN THÉÂTRE ORIGINAL

L'émergence d'un théâtre original, de 1960 à 1976, est en grande partie due aux efforts de quelques dramaturges qui ont préparé le terrain au cours de la décennie précédente. Parmi ceux-ci, citons Jacques Languirand (1930-), avec *Les grands départs,* et surtout Marcel Dubé (1930-), dont la première pièce, *Le bal triste,* est jouée dès 1951, sans attirer l'attention.

Dubé rencontre cependant le succès en 1952 et en 1953, avec *De l'autre côté du mur* et *Zone.* Et ce n'est qu'un début. Au cours des deux décennies suivantes, profitant de la fondation de nouvelles troupes, comme le Théâtre du Nouveau Monde, ainsi que de la création de la télévision de Radio-Canada, il établit un répertoire qui marque profondément le théâtre québécois. Ainsi, de 1952 à 1962, Dubé rédige près d'une cinquantaine de textes dramatiques qui sont réalisés par Radio-Canada, dont une trentaine pour la télévision. Ses téléromans *La côte de sable, De 9 à 5* et *Le monde de Marcel Dubé* remportent également un grand succès populaire, Dubé réussissant à émouvoir un large public.

Une représentation de la pièce *Le temps des lilas* de Marcel Dubé en 1958, avec les comédiens Jean Gascon, Denyse St-Pierre et Jean-Louis Roux.

Zone, Florence, Un simple soldat, Au retour des oies blanches, Le temps des lilas et *Médée* sont autant de pièces inoubliables. Elles mettent en scène des drames humains construits sur une mécanique à la fois précise et impitoyable. Mais leur force et leur originalité résident peut-être davantage dans les personnages : ceux-ci nous ressemblent comme jamais, tout en étant portés, enfin, par une langue naturelle et conforme à celle que l'on parle au Québec. En témoigne un passage d'*Un simple soldat,* où le père semonce son fils qui a trop bu.

Marcel Dubé (1930-)

Un simple soldat

ÉDOUARD. — Joseph !

Joseph s'immobilise et tourne difficilement la tête dans sa direction.

JOSEPH, *d'une voix calme.* — Qu'est-ce que tu veux, le père ?

5 ÉDOUARD. — Où c'est que tu vas ?

JOSEPH. — Je veux me laver un peu... pour me réveiller... Y a des aspirines dans la pharmacie ?

ÉDOUARD. — Laisse faire les aspirines, je veux te parler.

Il s'approche de quelques pas dans sa direction.

10 JOSEPH. — Attends, ce sera pas long. Cinq aspirines et puis tu me diras tout ce que tu voudras.

ÉDOUARD. — Je t'ai dit de laisser faire les aspirines !

JOSEPH. — Okay, okay, pas si fort ! Tu vois pas que j'ai mal au bloc ?... (*Il tourne le dos à son père.*) Ah ! puis je sais d'avance ce que tu vas me dire. Perds
15 donc pas ton temps.

ÉDOUARD. — Reste là ! La nuit passée, t'as parlé tant que t'as voulu, maintenant, c'est mon tour.

Bertha sort de la chambre, attirée par les voix.

JOSEPH. — Fais ça vite, d'abord. Moi, j'aime ça direct. J'aime ça court.

20 ÉDOUARD. — Je te parlerai pas longtemps, je te crierai pas par la tête non plus, je suis un peu plus civilisé que toi.

JOSEPH. — Tu vois ? Tu commences à prendre des détours. Qu'est-ce que ça donne de passer par quatre chemins ?

ÉDOUARD. — Ferme ta gueule !

25 JOSEPH. — Tu cries autant que moi aussi ! Ça sert à rien, tu peux pas t'empêcher de me ressembler.

Fleurette paraît dans le living-room.

ÉDOUARD *fait un autre pas vers Joseph.* — Si j'ai crié c'est parce que c'est la seule façon de te faire comprendre. Je m'aperçois que t'as pas grand-chose
30   au fond de la caboche mon p'tit gars... La première chose que tu feras quand je t'aurai parlé, ce sera de passer la porte. Et on espère tout le monde qu'on te reverra plus. Le seul souvenir qui va rester entre toi et moi c'est l'emprunt que j'ai fait et que tu n'as pas été capable de respecter. À chaque fois que tu feras comme hier, que tu rencontreras pas tes obligations, je me rendrai à
35   la Caisse Populaire moi-même, les rencontrer à ta place. Mais pas parce que je continue de te considérer encore comme mon garçon, ça c'est fini, pour moi t'es plus personne ; mais parce qu'un jour j'ai fait la folie de penser que tu pouvais agir comme un homme. Et puis parce que, jeune, j'ai appris à être honnête, à respecter mes engagements. Parce que je me suis rendu compte
40   qu'Armand et Bertha ont toujours eu raison de dire que t'étais un sans-cœur et un raté. C'est tout, j'ai fini !

JOSEPH. — C'est comme ça que je t'aime, le père. Un bon boxeur cognerait pas mieux que toi.

Il tourne le dos à Édouard, va ramasser sa vareuse de soldat et fait face de
45   *nouveau à son père.*

JOSEPH. — C'est tout ce que je prends comme bagage... (*À Bertha.*) Le reste de mon linge, tu le vendras aux pauvres qui passent, Bertha[1].

La création des *Belles-sœurs,* en 1968, constitue un tournant dans l'histoire du théâtre québécois. Si le théâtre de Dubé a provoqué un changement, celui de Michel Tremblay (1942-) tient de la révolution. Dans *Les belles-sœurs,* Tremblay fait le portrait d'un groupe de femmes d'un quartier populaire de Montréal, un portrait passablement dur et au langage (joual) on ne peut plus cru : nouveau scandale. Certains adorent ; d'autres détestent. Le débat consiste à savoir si Tremblay dépeint fidèlement une classe sociale ou s'il ne finit pas par s'en moquer.

La pièce, qui comporte quinze personnages féminins, raconte l'histoire de Germaine Lauzon : celle-ci vient de gagner un million de ces timbres-primes qui permettaient à l'époque d'obtenir des cadeaux. Germaine Lauzon est entourée de ses voisines, accourues pour l'aider à coller les timbres en question dans des livrets. Au fil des conversations, on pénètre dans l'univers bancal de ces femmes. À la fin, Germaine se rend compte qu'elle se fait voler sans vergogne par celles qu'elle croyait ses amies.

Malgré leurs répliques colorées – « la p'tite bougraise », « y'a rien au monde que j'aime plus que le bingo », « ben bonyenne », « mon étronne » ou « mademoiselle Vermette est la mieux grayée en fait de brosses » –, les personnages vivent en fait une tragicomédie. Car si l'on rit de leurs reparties, on ne peut en même temps qu'être ému par leurs confidences qui reflètent des existences creuses, évidées, ratées.

---

1. Marcel DUBÉ. *Un simple soldat*, Montréal, Typo, 1993, p. 130-131.

Les répliques les plus frappantes sont peut-être celles où Tremblay, empruntant la technique des chœurs du théâtre grec antique, fait longuement parler quatre ou cinq femmes ensemble. On les entend alors clamer à l'unisson leur amour du bingo ou leur aversion pour leur « maudite vie plate » et les corvées qui se répètent jour après jour, semaine après semaine : « J'leu fais des sandwichs au baloné. J'travaille toute l'après-midi, le souper arrive, on se chicane. Pis le soir, on regarde la télévision[1] ! »

ŒUVRE

Michel Tremblay (1942-)

Les belles-sœurs

Black out. Quand les lumières reviennent, les neuf femmes sont debout au bord de la scène.

Lisette de Courval. — Ode au bingo !

Pendant que Rose, Germaine, Gabrielle, Thérèse et Marie-Ange récitent « l'ode
5   *au bingo », les quatre autres femmes crient des numéros de bingo en contre-point, d'une façon très rythmée.*

Germaine, Rose, Gabrielle, Thérèse et Marie-Ange. — Moé, y'a rien au monde que j'aime plus que le bingo ! Presque toutes les mois, on en prépare un dans' paroisse ! J'me prépare deux jours d'avance : chus t'énarvée, chus pas tenable,
10   j'pense rien qu'à ça. Pis quand le grand jour arrive, j't'assez excitée que chus pas capable de rien faire dans' maison ! Pis là, là, quand le soir arrive, j'me mets sur mon trente-six, pis y'a pas un ouragan qui m'empêcherait d'aller chez celle qu'on va jouer ! Moé, j'aime ça, le bingo ! Moé, c'est ben simple, j'adore ça, le bingo ! Moé, y'a rien au monde que j'aime plus que le bingo !
15   Quand on arrive, on se déshabille pis on rentre tu-suite dans l'appartement ousqu'on va jouer. Des fois, c'est le salon que la femme a vidé, des fois, aussi, c'est la cuisine, pis même, des fois, c'est une chambre à coucher. Là, on s'installe aux tables, on distribue les cartes, on met nos pitounes gratis, pis la partie commence !

20   *Les femmes qui crient des numéros continuent seules quelques secondes.*

Là, c'est ben simple, j'viens folle ! Mon Dieu, que c'est donc excitant, c't'affaire-là ! Chus toute à l'envers, j'ai chaud, j'comprends les numéros de travers, j'mets mes pitounes à mauvaise place, j'fais répéter celle qui crie les numéros, chus dans toutes mes états ! Moé, j'aime ça, le bingo ! Moé, c'est ben simple,
25   j'adore ça, le bingo ! Moé, y'a rien au monde que j'aime plus que le bingo ! La partie achève ! J'ai trois chances ! Deux par en haut, pis une de travers ! C'est le B 14 qui me manque ! C'est le B 14 qui me faut ! C'est le B 14 que je veux ! Le B 14 ! Le B 14 ! Je r'garde les autres... Verrat, y'ont autant de chances que moé ! Que c'est que j'vas faire ! Y faut que je gagne ! Y faut que j'gagne !
30   Y faut que j'gagne !

1. Michel TREMBLAY. *Les belles-sœurs*, Montréal, Holt, Rinehart et Winston, « Théâtre vivant », 1968, p. 13.

Lisette de Courval. — B 14 !

Les cinq femmes. — Bingo !
bingo ! J'ai gagné ! J'le savais !
J'avais ben que trop de
35 chances ! J'ai gagné ! Que c'est
que j'gagne, donc ?

Les quatre autres femmes. —
Le mois passé, c'était le mois
des chiens de plâtre pour t'nir
40 les portes, c'mois icitte, c'est le
mois des lampes torchères !

Les neuf femmes. — Moé, j'aime
ça, le bingo ! Moé, c'est ben
simple, j'adore ça, le bingo !
45 Moé, y'a rien au monde que
j'aime plus que le bingo ! C'est

La pièce *Les belles-sœurs*,
de Michel Tremblay, lors de sa création
au Théâtre du Rideau Vert en 1968.

donc de valeur qu'y'en aye pas plus souvent ! J's'rais tellement plus heureuse !
Vive les chiens de plâtre ! Vive les lampes torchères ! Vive le bingo !

Rose Ouimet. — Moé, j'commence à avoir soif !

50 Germaine Lauzon. — Mon Dieu, c'est vrai, les liqueurs ! Linda, passe donc les
cokes !

Olivine Dubuc. — Coke... coke... oui... oui... coke...

Thérèse Dubuc. — T'nez-vous donc tranquille, madame Dubuc, vous allez en
avoir comme tout le monde, du coke ! Mais vous avez besoin de boire pro-
55 prement, par exemple ! Pas de renvoyage comme l'aut'fois, là[1] !

Si Tremblay demeure un auteur incontournable, c'est également parce que ses
pièces sont d'une égale qualité et finissent par constituer un univers complet. Que
ce soit dans *À toi pour toujours, ta Marie-Lou* – on assiste à un infernal chassé-croisé
de répliques entre des parents et leurs deux filles – ou dans *Albertine, en cinq temps* –
une septuagénaire se décompose en cinq femmes d'âges différents –, les personnages de Tremblay réapparaissent dans plusieurs œuvres, notamment dans les
romans à succès qu'il va bientôt écrire.

Enfin, ne serait-ce qu'à titre de phénomène et d'exemple extrême d'esthétique
de la transgression, courant littéraire inauguré par Tremblay, comment ne pas évoquer le théâtre de Claude Gauvreau, cosignataire du *Refus global* ? Après plusieurs
échecs, dont celui de *La charge de l'orignal épormyable*, ce n'est qu'en 1972, et après
son suicide, que Gauvreau triomphe avec *Les oranges sont vertes*. C'est l'apparition

---

1. *Ibid.*, p. 54-56.

du langage «exploréen» et de la domination du son et de la lettre, à travers des personnages comme Yvirnig, Cégestelle et Cochebenne : «Les égouts de Londres reniflent le caca des évêques qui n'ont pas été fabriqués en bonbons clairs et l'orthodoxie occulte rayonne comme une nichée de bassets[1]. »

COURANT LITTÉRAIRE   L'ESTHÉTIQUE DE LA TRANSGRESSION

Définition : l'écriture dénonce, choque et va au-delà des conventions ou des tabous.
Thèmes : la vérité, la lucidité, la sexualité, les drogues, l'illégalité, le scandale.
Genres : la poésie, le théâtre et le roman.

Les créations collectives, aux alentours de 1970, occupent une certaine place. Jean Barbeau (1945-), avec des pièces comme *Joualez-moi d'amour* et *Manon Lastcall,* est issu de cet univers, lui qui se demande : pourquoi des auteurs ? Les troupes Les Enfants de Chénier et Les P'tits Enfants Laliberté, qui gravitent autour de Jean-Claude Germain (1939-), touchent pour leur part un public grandissant. Une pièce s'intitule *Si les Sansoucis s'en soucient, ces Sansoucis-ci s'en soucieront-ils ? Bien parler, c'est se respecter !* et une autre *Les hauts et les bas d'la vie d'une diva : Sarah Ménard par eux-mêmes : une monologuerie bouffe.*

De son côté, le Grand Cirque Ordinaire ouvre brillamment la voie à l'improvisation. Le spectacle *T'es pas tannée, Jeanne d'Arc ?* mélange le cirque, la musique, l'improvisation, le procès de Jeanne d'Arc et le procès de la société québécoise. «Père Noël ? Sais-tu, euh… que ça fait un maudit bout de temps qu'on t'appelle, nous autres là, hein ? Toi, tu viens pas souvent nous voir ! Qu'est-ce qu'i se passe, Père Noël ? Tu nous aimes pus ? Sais-tu ce qui arrive quand tu viens pas ici, toé, là, Père Noël ? Woa c'qui arrive toi, hein ? Woa te le dire, moi… C'est moé icitte qui suis obligé de jouer au Père Noël à ta place[2] !»

L'APPORT DE LA CHANSON

Le 15 novembre 1976, les Québécois élisent le gouvernement indépendantiste de René Lévesque. L'événement n'est pas étranger à l'apport des artisans de la chanson depuis 1960. Personne mieux que les hommes et les femmes œuvrant dans le domaine de la chanson n'a mieux incarné le changement, la métamorphose, le passage du nationalisme canadien-français à la notion de peuple québécois, la transition du nationalisme ethnique au nationalisme civique.

---

1. Claude GAUVREAU. *Les oranges sont vertes*, Montréal, L'Hexagone, 1994, p. 63.
2. LE GRAND CIRQUE ORDINAIRE. *T'es pas tannée, Jeanne d'Arc ?*, Montréal, Les herbes rouges, «Théâtre», 1991, p. 180.

À l'origine, la chanson québécoise s'inscrit dans la tradition de ce qui se fait en France et en Belgique. Il y a bien La Bolduc (Mary Travers, 1894-1941) ou Jean-Paul Filion (1927-), mais ce sont des exceptions, parfois presque méprisées, car on les associe au folklore. Puis le paysage musical se transforme sous l'influence de Félix Leclerc (1914-1988) et de Raymond Lévesque (1928-), qui rencontrent le succès à Paris, ce qui leur donne de la crédibilité. Le renouvellement de la chanson québécoise implique dorénavant qu'elle reflète vraiment notre image.

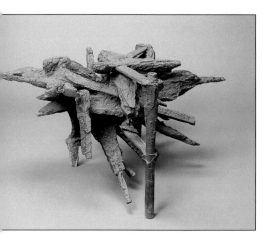

Armand Vaillancourt (1929-). *The F...* *Bird* (1959 ou 1960). Sculpture, fonte, 60,8 × 101,3 × 71,8 cm. Collection : Musée national des beaux-arts du Québec (70.279), Québec, Québec.

Félix Leclerc arrive à Paris en 1950 et remporte quelques mois plus tard le prix de l'académie Charles-Cros. Il devient bientôt le pilier de la chanson québécoise. Après une carrière au théâtre et à la radio, il écrit – paroles et musique – de superbes chansons qui, portées par sa voix touchante, vont droit au cœur des publics québécois et français, et ce, dès la première de toutes : *Notre sentier.* Dans des chansons comme *Moi, mes souliers* ou l'*Hymne au printemps,* un monde est créé en l'espace de deux ou trois minutes.

L'écrivain et poète français Luc Bérimont écrit : « L'univers de Félix Leclerc, point n'est besoin d'aller le chercher dans les recoins de la métaphysique : il est branché directement sur la fontaine de vie. Il y a du La Fontaine et du Giono dans son cas. [...] L'expression "réalisme magique" semble avoir été inventée à son intention. Il manie les mots avec une habileté manuelle qui donne une dimension propre à son domaine. Il sait que chacun d'eux doit avoir un poids, une forme, une couleur, une odeur[1]. »

Après la crise d'Octobre 1970, l'armée canadienne met un terme au désordre causé par le FLQ. Leclerc modifie son répertoire et milite dès lors pour la cause d'un Québec francophone et libre, notamment avec *L'alouette en colère.* Sa chanson *Le tour de l'île,* composée en 1975, constitue un sommet. C'est sa réplique au projet de construction d'un immense centre commercial sur l'île d'Orléans, où il habite, qui se transforme en ode au pays à naître.

---

1. Luc BÉRIMONT. *Félix Leclerc*, Paris, Seghers, « Poètes d'aujourd'hui », 1964, p. 10.

Félix Leclerc (1914-1988)

Le tour de l'île

Pour supporter le difficile   Et l'inutile
Y a l'tour de l'Île   Quarante-deux milles
De choses tranquilles
Pour oublier grande blessure   Dessous l'armure
5 Été hiver   Y a l'tour de l'île   l'île d'Orléans

L'Île c'est comme Chartres   C'est haut et propre   Avec des nefs
Avec des arcs des corridors   Et des falaises
En février la neige est rose   Comme chair de femme
Et en juillet le fleuve est tiède   Sur les battures

10 Au mois de mai à marée basse   Voilà les oies
Depuis des siècles   Au mois de juin   Parties les oies
Mais nous les gens   Les descendants de La Rochelle
Présents tout l'temps   Surtout l'hiver   Comme les arbres

Mais c'est pas vrai   Ben oui c'est vrai   Écoute encore

15 Maisons de bois   Maisons de pierre   Clochers pointus
Et dans les fonds des pâturages   De silence
Des enfants blonds nourris d'azur   Comme des anges
Jouent à la guerre   Imaginaire imaginons

L'Île d'Orléans   Un dépotoir   Un cimetière
20 Parcs à vidanges boîte à déchets   U. S. *parkings*
On veut la mettre en mini-jupe   *And speak English*
Faire ça à elle l'Île d'Orléans   *Notre fleur de lyse*

Mario Mauro (1920-1984).
À l'île d'Orléans (1973). Centre
d'exposition de la Corporation
culturelle de Shawinigan,
Shawinigan, Québec.

> Mais c'est pas vrai   Ben oui c'est vrai   Raconte encore
>
> Sous un nuage près d'un cours d'eau   C'est un berceau
> 25 Et un grand-père   Au regard bleu   Qui monte la garde
> Y sait pas trop ce qu'on dit   Dans les capitales
> L'œil vers le golfe ou Montréal   Guette le signal
>
> Pour célébrer l'indépendance   Quand on y pense
> C'est-y en France ?   C'est comme en France   Le tour de l'Île
> 30 Quarante-deux milles   Comme des vagues les montagnes
> Les fruits sont mûrs   Dans les vergers   De mon pays
>
> Ça signifie   L'heure est venue   Si t'as compris[1]

Son poème « Pour un Québec bilingue » est aussi un reflet de son patriotisme : « Connaissez-vous beaucoup d'Anglais du Québec qui appellent leur fils Étienne, / leur fille Antoinette, / leur auberge Nouvelle-France, / leur chien Noirôt ? / Écoutez un gars de descendance française, né ici, / qui ne sait pas un mot d'anglais / mais qui est pour un Québec bilingue / et c'est son droit. / Il est fier de dire : / mon fils s'appelle Steve / Ma fille Jenny / mon hôtel Élisabeth / ma rue Windsor / mon village White River / mon autoroute Kennedy / mon magasin Dominion / mon assurance Sun Life / mon pont Victoria / mon chien Black / ma chienne Lady[2]. »

Pour comprendre l'engagement de Leclerc et de plusieurs autres, il faut se rappeler que, autour des années 1970, la cause du français est malmenée au Québec. Les enfants d'immigrants se voient notamment accorder le droit de fréquenter l'école anglaise s'ils le désirent. Or, à plus ou moins long terme, cela met en péril la survie de la langue française, les francophones voyant souvent d'autres langues l'emporter sur la leur, par exemple dans l'affichage.

Gilles Vigneault (1928-) est un autre auteur-compositeur sortant de l'ordinaire. Originaire du petit village de Natashquan, sur la Basse-Côte-Nord, il donne naissance à une œuvre fourmillante de vie et empreinte du sentiment d'appartenance. Les personnages de son enfance deviennent autant de sujets de chansons, de *Jos Monferrand* à la trop belle Laurelou de *Gros-Pierre*, dont les thèmes récurrents sont le pays, la mer, l'hiver, la liberté, l'amitié et l'amour.

Très tôt, Vigneault devient aussi le chantre de l'indépendance et du fait français au Québec. Des chansons comme *Gens du pays* (« Gens du pays, c'est votre tour / De vous laisser parler d'amour »), *Il me reste un pays* (« Il nous reste un pays à comprendre / Il nous reste un pays à changer ») et *Les gens de mon pays* (« Je vous entends demain / Parler de liberté ») sont presque devenues des hymnes nationaux.

---

1. Félix LECLERC. *Le tour de l'île*. Paroles et musique : Felix Leclerc. © 1997 Productions Alleluia, 10, rue Saint-Florentin – 75001 Paris.
2. Félix LECLERC. *Rêves à vendre*, Montréal, Nouvelles Éditions de l'Arc, 1984, p. 27.

Le génie de Vigneault s'exprime par un mariage réussi des résonances du passé avec nos préoccupations modernes, que ce soit dans les airs utilisés ou dans les histoires racontées. Car nous avons aussi affaire à un prodigieux conteur, comme en témoignent plusieurs recueils, tels que les *Contes du coin de l'œil*, parus en 1966.

Gilles Vigneault (1928-)

Les gens de mon pays

Les gens de mon pays
Ce sont gens de paroles
Et gens de causerie
Qui parlent pour s'entendre
5 Et parlent pour parler
Il faut les écouter
C'est parfois vérité
Et c'est parfois mensonge
Mais la plupart du temps
10 C'est le bonheur qui dit
Comme il faudra de temps
Pour saisir le bonheur
À travers la misère
Emmaillée au plaisir
15 Tant d'en rêver tout haut
Que d'en parler à l'aise

Parlant de mon pays
Je vous entends parler
Et j'en ai danse aux pieds
20 Et musique aux oreilles
Et du loin au plus loin
De ce neigeux désert
Où vous vous entêtez
À jeter vos villages
25 Je vous répéterai
Vos parlers et vos dires
Vos propos et parlures
Jusqu'à perdre mon nom
Ô voix tant écoutées
30 Pour qu'il ne reste plus
De moi-même qu'un peu
De votre écho sonore

Je vous entends jaser
Sur les perrons des portes
35 Et de chaque côté
Des cléons des clôtures
Je vous entends chanter
Dans la demi-saison
Votre trop court été
40 Et mon hiver si long
Je vous entends rêver
Dans les soirs de doux temps
Il est question de vents
De vente et de gréements
45 De labours à finir
D'espoir et de récolte
D'amour et du voisin
Qui veut marier sa fille

Voix noires voix durcies
50 D'écorce et de cordage
Voix des pays plain-chant
Et voix des amoureux
Douces voix attendries
Des amours du village
55 Voix des beaux airs anciens
Dont on s'ennuie en ville
Piailleries d'écoles
Et palabres et sparages
Magasin général
60 Et restaurant du coin
Les ponts les quais les gares
Tous vos cris maritimes
Atteignent ma fenêtre
Et m'arrachent l'oreille

65 Est-ce vous que j'appelle
Ou vous qui m'appelez
Langage de mon père
Et patois dix-septième
Vous me faites voyage
70 Mal et mélancolie
Vous me faites plaisir
Et sagesse et folie
Il n'est coin de la terre
Où je ne vous entende
75 Il n'est coin de ma vie
À l'abri de vos bruits
Il n'est chanson de moi
Qui ne soit toute faite
Avec vos mots vos pas
80 Avec votre musique

Je vous entends rêver
Douce comme rivière
Je vous entends claquer
Comme voile du large
85 Je vous entends gronder
Comme chute en montagne
Je vous entends rouler
Comme baril de poudre
Je vous entends monter
90 Comme grain de quatre heures
Je vous entends cogner
Comme mer en falaise
Je vous entends passer
Comme glace en débâcle
95 Je vous entends demain
Parler de liberté[1]

Claude Léveillé, Yvon Deschamps,
Jean-Pierre Ferland, Gilles Vigneault
et Robert Charlebois célèbrent la
Saint-Jean sur le mont Royal en 1976.

---

1. Gilles VIGNEAULT. *Tenir paroles*, Montréal, Nouvelles Éditions de l'Arc, 1983, vol. I, p. 213-215.

D'autres artistes vont se démarquer : Claude Léveillée (1932-), Clémence DesRochers (1933-), Jean-Pierre Ferland (1934-), Claude Gauthier (1939-) et Robert Charlebois (1944-). Plusieurs décennies durant, chacun animera à sa manière la vie culturelle du Québec.

Dans *La vie d'factrie*, Clémence DesRochers décrit de manière émouvante le quotidien grisâtre d'une employée d'usine de textile, comme il en existait des milliers à l'époque. La chanson s'achève sur cette strophe : « Quand la sirène crie délivrance / C'est l'cas d'le dire j'suis au coton / Mais c'est comm' dans ma p'tite enfance / La cloche pour la récréation / Y a plus qu'une chose que je désire / C'est d'rentrer vite à la maison / Maint'nant j'ai plus rien à vous dire / J'suis pas un sujet à chanson[1]. »

Enfin, en 1974, une étoile filante traverse le ciel du Québec : le groupe Beau Dommage. Son existence est relativement brève, ses membres décidant de se séparer en 1978[2]. Les chansons du groupe, à la fois simples et habiles, marquent profondément l'inconscient collectif québécois. Une tournée triomphale conduit même Beau Dommage en France, en Belgique, en Suisse et au Luxembourg. Avec Beau Dommage, la chanson québécoise commence à s'exporter davantage.

DOCUMENTAIRE

L'irrévérence

Plus la chanson québécoise grandit, plus elle devient irrévérencieuse, c'est-à-dire qu'elle bouscule l'ordre établi, le langage et les traditions. *Lindberg*, avec des paroles de Claude Péloquin (1942-) et une musique de Robert Charlebois, ouvre la marche, bien qu'une chanson de Vigneault fut longtemps interdite d'antenne à Radio-Canada à cause des mots « le cul sur l'bord du Cap-Diamant ». Mais le champion de l'irrévérence est Plume Latraverse (1946-), avec des chansons comme *La ballade des caisses de vingt-quatre*, *Bobépine*, *Le gamasinage*, *La petite vingnenne pis le gros torrieu*, *Le rock and roll du grand flan mou*, *Ma porte de shed* ou, plus récemment, *Chants d'épuration*.

DE MERVEILLEUX POÈTES

Tous les chanteurs cités précédemment sont autant de grands poètes. Mais il en existe aussi qui créent des œuvres destinées d'abord à être lues ; celles-ci sont publiées notamment aux Éditions de l'Hexagone, aux Éditions Parti pris ou dans des revues comme *Les herbes rouges* et *La barre du jour*. Certains de ces textes seront portés en chansons – le plus souvent grâce à un concours de circonstances –, mais il s'agit d'exceptions qui confirment la règle.

---

1. Clémence DESROCHERS. *De la factrie au jardin*, s. v., Éditions Galoche, s. d.
2. Le groupe fera par la suite plusieurs retours.

Lors de la fameuse Nuit de la poésie du 27 mars 1970 (dont on peut voir des extraits dans le film du même titre réalisé par Jean-Pierre Masse et Jean-Claude Labrecque pour l'Office National du Film du Canada), un public en délire découvre plusieurs de ces poètes qui déclament leurs textes. Des écrivains comme Michèle Lalonde (1937-), avec son «Speak white» – elle publiera plus tard une magnifique *Défense et illustration de la langue québécoise* –, Louis Geoffroy (1947-1977), avec ses «Flashcubes», Gaston Miron, Claude Gauvreau et Raoul Duguay (1939-) émerveillent la foule réunie à l'UQAM.

Gilbert Langevin (1938-1995) est l'un de ces poètes dont les textes ont été à l'occasion chantés par des interprètes comme Pauline Julien, Marjo ou Dan Bigras. Ses poèmes, souvent courts, sont incisifs, énergiques et éloquents : «La démence est un métier de fou[1].» Langevin est un écorché vif, habité du mal de vivre, mais capable d'amour et de révolte. Pour lui, explique Jean Royer, être humain, c'est être «nu-mains», et la poésie, quand il la chante, s'appelle la «poévie».

Michèle Lalonde lors de la Nuit de la poésie du 27 mars 1970.

Pour sa part, Gérald Godin (1938-1994) est d'abord journaliste. Il dirige ensuite les Éditions Parti pris et cofonde la revue *Possibles*. Toute sa vie, il lutte pour le français et pour l'indépendance, écrivant, entre autres, un admirable recueil : *Les cantouques*. Un cantouque, explique-t-il, est un outil qui sert à «trimballer» les billots dans les chantiers, et, dans son livre, un poème qui «trimballe» des sentiments.

Après avoir été arrêté pendant la crise d'Octobre 1970, Godin se joint au Parti québécois et devient député. Entre 1980 et 1985, il est notamment ministre des Communautés culturelles et de l'Immigration, et ministre responsable de l'application de la Charte de la langue française, contribuant ainsi à accroître la tolérance à l'égard des ethnies, de la religion ou de la langue des immigrants.

---

1. Gilbert LANGEVIN. *Griefs*, Montréal, L'Hexagone, 1975, p. 25.

Gérald Godin (1938-1994)

Cantouque français dit du temps nouveau

coupé des miens étranger à mon nom
je divague en l'avenir
le présent reste à faire et demain est bien tard
seul et politisé j'ai des racines invisibles
5 et dieu sait que je ne rêve pas

on n'ouvre pas les yeux sans danger
ainsi Homère était-il aveugle
et René Guénon se cousut les paupières
on n'ouvre pas les yeux sans tuer
10   quelque mystère
bénéficiant en silence
de notre coutumace

j'ai dû sans doute un peu vieillir
du folklorique ber chu
15 comme la feuille d'un livre trop vieux
généalogique et patrimonial

à la curatelle de quiconque
plus je n'émarge ni n'apparais
collatéraux et vous consanguins
20 je m'orpheline de plein gré

fils adoptif de personne
je suis seul et je m'ennuie
quelquefois au temps des fêtes
à l'apogée parentèle

25 mais j'ai d'autres plaisirs et d'autres joies
dont un jour vous verrez le fondé
veaux vaches cochons couvées
et préoccupations fi de vous et fi d'elles
à mon pays seul je suis fidèle[1]

Jacques Hurtubise (1939-).
Pérégrinations (1960).
Huile sur toile, 91,5 × 76 cm.
Collection : Musée national des
beaux-arts du Québec (85.38),
Québec, Québec.

Paul Chamberland (1939-), cofondateur de Parti pris, s'impose dès le début des années 1960 avec ses livres *Terre Québec*, qu'il dédie au pays, et *L'afficheur hurle*. On retrouve dans son œuvre l'intense ferveur nationaliste qui fleurit à l'époque, avec un mouvement comme le Rassemblement pour l'indépendance nationale (RIN), ancêtre du Parti québécois. Mais lui qui ne veut pas « vivre à moitié dans ce demi-pays[2] » fait montre d'une grande ouverture sur l'humain et l'universel.

1. Gérald GODIN. *Les cantouques. Poèmes en langue verte, populaire et quelquefois française*, Montréal, Éditions Parti pris, « Paroles », 1967, p. 42-43.
2. Paul CHAMBERLAND. *L'afficheur hurle*. Montréal, Éditions Parti pris, , 1964, p. 9.

Malheureusement mort trop jeune, Michel Beaulieu (1941-1985) est auteur de romans, tel *Je tourne en rond mais c'est autour de toi,* mais aussi de poèmes subtils, empreints d'un génie hors du commun. *Variables,* un recueil qui lui vaut le Prix de la revue *Études françaises* en 1973, offre de fort beaux textes sur l'intimité amoureuse. À eux seuls, les titres ne peuvent laisser indifférent : « Maintenant que l'été poudroie sur nos corps », « N'attends pas de la vie qu'elle dévide ses rouets », « Ne demande pas au silence », « Mémoire de mes cuisses et de mes jambes », « De plus en plus le lendemain », « Je t'aime avec ce goût de cannelle »…

Pierre Morency (1942-), après quelques années d'enseignement et d'activités théâtrales, devient auteur et chroniqueur à Radio-Canada. Il y écrit plus de 200 textes radiophoniques ainsi qu'une série de 60 émissions portant sur les oiseaux. Ses poèmes sont d'une force phénoménale et ont le pouvoir d'atteindre les cœurs, surtout quand il les dit en public : l'homme et l'œuvre font vraiment corps. Le poème présenté ci-dessous, extrait du recueil *Au nord constamment de l'amour,* donne un aperçu de cette puissance.

Pierre Morency (1942-)

Il est si facile de te casser comme une paille si facile de te saigner toute

Mais loin de toi je m'assèche loin de toi je perds le
nord de ma vie et le sud et tous les points qui
appellent   loin de toi je porte à blanc loin de toi je
m'affadis   loin de toi je suis au neutre loin de toi
5 je dévale je déparle   loin de toi je m'irréalise   loin de toi je me folichonne
je manque d'air   loin de toi je m'avorte et m'irrespecte loin de toi je suis
pauvre   loin de toi je me dilue et me délave   loin de toi je m'écaille et
m'horripile je m'aposthume et me dévisse et me décharne   loin de toi je
m'indélébile   loin de toi   loin de toi[1]

Lucien Francoeur (1948-), Denis Vanier (1949-2001) et Josée Yvon (1958-1994) sont les principaux délinquants de notre poésie. Influencés par le psychédélisme, le rock-and-roll, l'underground et les drogues douces ou fortes, ils explorent des voies nouvelles et choquent à l'occasion en recourant à la transgression, au sexe, à la révolte, à l'opposition, aux tatouages. Des recueils comme *5-10-15,* de Francoeur, *Pornographic delicatessen,* de Vanier, et *Travesties-kamikaze,* d'Yvon, morte du sida, déstabilisent à coup sûr quiconque les ouvre. « Aller au boutte de soi-même[2] », écrit Josée Yvon. C'est l'apothéose de l'excès, le summum de l'esthétique de la transgression. Si ces poèmes abordent des problèmes moraux et dénoncent certaines réalités, il reste que l'univers des bars, de l'alcool, de la prostitution, des prisons et des « machines à boules » constitue souvent un mélange explosif de détresse et de violence.

1. Pierre MORENCY. *Au nord constamment de l'amour,* Ottawa, Nouvelles Éditions de l'Arc, 1973, p. 173.
2. Josée YVON. *Travesties-kamikaze,* Montréal, Les herbes rouges, 1979, s. p.

Lucien Francoeur (1948-)

Une saison en enfer

me prends à la gorge et
   me fige à deux pas de
      un peu trop de

je ne veux pas être un homme père

5   STOMP STOMP
    on fourrage dans
    ma paperasse cellulaire
    ah! ces femmes de ménage

    incidences animales
10   fun ou non je vous fais du bon
      HIT PARADE
      guitares à répétition
      un rock qui dilacère
      et casse les lacets

15   HIGHWAY PATROL
    I can outdraw John Wayne
    I'm after Bob Hope & Ronald Reagan

    j'ai le crâne qui craque
    suis rien mais en cuir
20   mes veines me tentent

FRANCOEUR heartquake country
la misère du monde sur les épaules
les dards dans les testicules

me prends pour un autre
25 la poésie en attendant

suis la parole et la lumière
mais ne peux manger Myriam Bonbon

dans ma Rolls Royce allégorique
je braille comme un gros

30 «Fume fume fume fais de la fumée
sur tout ça» Les Excentriques

en blue jeans et blouson de cuir
Je vais remplir mes calepins[1]

Denis Vanier (1949-2001)

Décombres

Car par où j'ai passé a passé le fer rouge
                     TZARA

L'ère atomique à l'âge des pustules virulentes
      des oasis de faim et de cris
5   embrassant la pourriture des oranges
      et le sang des rats

      mieux valait le temps, où nous tordions la blancheur de nos boyaux

Oh! blancs décombres de notre jeunesse
respirant à pleins poumons la radioactivité des
nuages et la fumée des bas-fonds

---

1. Lucien FRANCOEUR. *5-10-15*, Montréal, Danielle Laliberté, 1972, s. p.

10 Les radios cinglant la complainte morbide
     d'un homme perdu

     des espoirs qui se forment
     des yeux qui cherchent et qui se noient dans
     l'absurde contorsion des muscles
15 Non !
     les pianos sont révolus allez-y de vos mitraillettes
     insérez nos os dans la glace des décembres et de
     l'au-delà
          soleil en mal de chaleur[1]

SYNTHÈSE Qui fait quoi ?

Les courants littéraires	Les œuvres et les auteurs
La littérature engagée La recherche de l'identité collective à partir de l'identité individuelle par le biais de thèmes tels que la politique, la religion, le langage, le passé et les relations humaines.	■ Les essais de Jean-Paul Desbiens, de Pierre Vallières, de Fernand Dumont et de Pierre Vadeboncoeur. ■ Les romans de Gérard Bessette, de Jacques Ferron et de Victor-Lévy Beaulieu. ■ Les chansons de Félix Leclerc, de Gilles Vigneault et de Claude Gauthier. ■ Les poèmes de Gaston Miron, de Michèle Lalonde, de Gilbert Langevin, de Gérald Godin et de Paul Chamberland. ■ Le théâtre de Jacques Ferron, de Jean-Claude Germain et de Victor-Lévy Beaulieu.
L'esthétique de la transgression L'écriture dénonce, choque et va au-delà des conventions ou des tabous, abordant des thèmes tels que la vérité, la lucidité, la sexualité, les drogues, l'illégalité ou le scandale.	■ Le théâtre de Michel Tremblay et de Claude Gauvreau. ■ Les chansons de Robert Charlebois et de Plume Latraverse. ■ Les poèmes, chansons ou récits de Lucien Francoeur, de Denis Vanier et de Josée Yvon.

1. Denis VANIER. *Œuvres complètes*, Montréal, Les herbes rouges, 2007, Tome I (1965-1993), p. 15.

Chapitre 6

Le choc des millénaires

Pierre Lefebvre (1954-). *Pleine lune d'automne* (2005).
Galerie Valentin, Montréal, Québec.

Au fil du temps

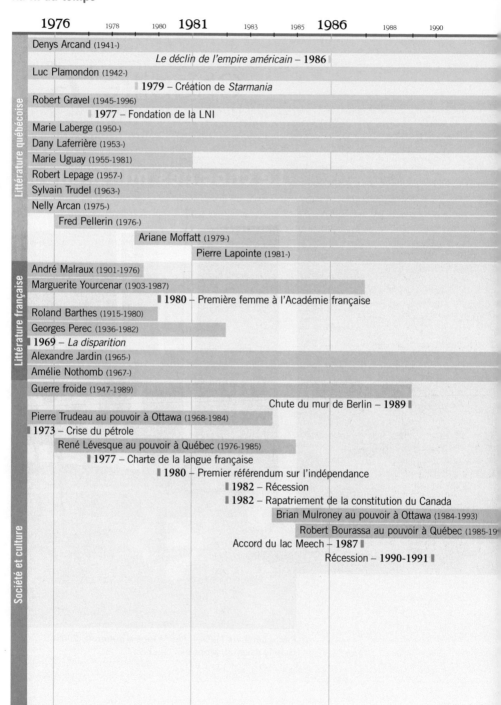

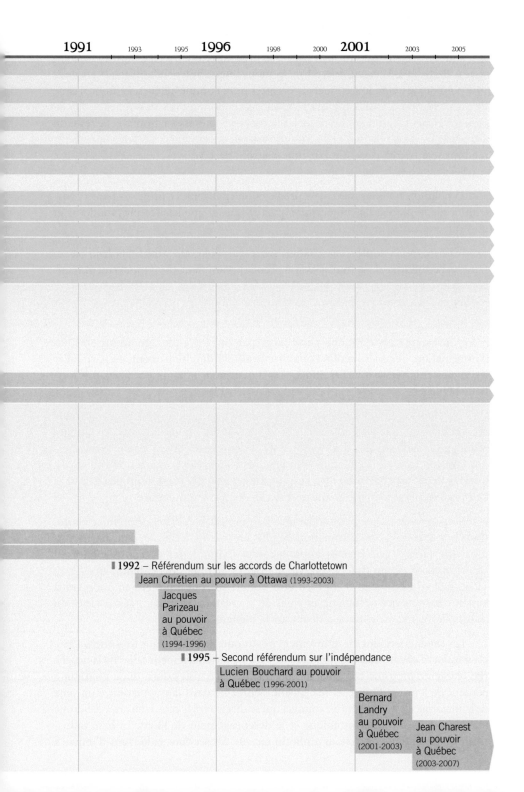

1991   1993   1995   **1996**   1998   2000   **2001**   2003   2005

▌1992 – Référendum sur les accords de Charlottetown
Jean Chrétien au pouvoir à Ottawa (1993-2003)

Jacques
Parizeau
au pouvoir
à Québec
(1994-1996)

▌1995 – Second référendum sur l'indépendance

Lucien Bouchard au pouvoir
à Québec (1996-2001)

Bernard
Landry
au pouvoir
à Québec
(2001-2003)

Jean Charest
au pouvoir
à Québec
(2003-2007)

LE CONTEXTE SOCIOHISTORIQUE (1976-2007)

L'année 1976 marque un tournant dans l'histoire québécoise. Après l'élection du Parti québécois en novembre, le mouvement indépendantiste est au pouvoir pour la première fois à Québec. En littérature comme ailleurs, l'enthousiasme souverainiste est à son comble. En mai 1980, le gouvernement péquiste sollicite par référendum le mandat de négocier la souveraineté-association avec le reste du Canada. Près de 60 % des Québécois lui répondent non. En 1995, un second référendum sera perdu, cette fois par une majorité de 1 %.

Après 1980, déçus, les écrivains et les artistes québécois prennent leurs distances avec la politique, et leurs thèmes de prédilection changent. Le projet de pays à construire cède la place à des préoccupations typiques d'une société plus moderne et plus ouverte sur le monde.

Ainsi, dans la foulée des changements qui s'opèrent aux États-Unis et en Europe, l'esthétique de la transgression prend de l'ampleur et un mouvement féministe plus mature et mieux organisé se fait une place au sein de la société. Individuellement ou en groupes, des femmes éloquentes prennent position pour changer des choses et améliorer leur condition.

L'ouverture sur le monde passe aussi par un accès plus grand aux médias d'information. Tous les médias connaissent un net développement, en particulier les revues et la télévision. Les années 1970 marquent notamment l'expansion de Radio-Québec.

Du point de vue des valeurs, l'effritement de la religion catholique entraîne un certain vide, que chacun comble à sa manière. La multiplication des familles monoparentales est l'une des nombreuses conséquences de cette remise en question. Souvent, on sait ce qu'on ne veut pas, mais on a plus de mal à déterminer ce à quoi on tient. La production littéraire emprunte ainsi des voies multiples, à l'image de ce qui se déroule dans les autres secteurs d'activité au Québec.

Il en résulte ce qui peut apparaître comme un paradoxe au premier abord. Dans une société de consommation de plus en plus matérialiste, dans un monde plus que jamais axé sur les apparences et l'argent, les écrivains explorent abondamment ce qui touche à la vie intérieure. Retour sur l'enfance, analyse au «je», quête du bonheur et du bien-être, regard sur l'intimité et l'émotion, voilà autant d'aspects qui décuplent les voies de la création, marquant la naissance du postmodernisme, ici comme ailleurs sur la planète.

Les caractéristiques du mouvement postmoderne, établi dans les années 1980, prédominent encore aujourd'hui. Les idéologies, particulièrement celles de la gauche (les éléments progressistes, libéraux ou même extrémistes du monde politique), perdent de leur crédibilité, et le cynisme s'enracine dans la population. Aux yeux de la majorité, c'est la société au complet qui se dirige vers le pire. Une nouvelle droite libérale prône le tout économique et le désengagement de l'État. La base industrielle de l'économie rétrécit au profit du secteur des services, et la main-d'œuvre à statut précaire est de plus en plus nombreuse. Les vieilles idées sont recyclées et les idées nouvelles sont rares. La société se fragmente en groupes de pression à cause unique. Le temps s'accélère et l'espace se rétrécit. Ce contexte de mondialisation, au sein duquel la culture s'homogénéise, bouleverse nos existences et nous oblige à « reconsidérer, avec des yeux et des mots neufs, l'humaine condition[1] ».

Le visage de notre planète a grandement changé, et cette transformation se poursuit toujours. L'opposition entre le bloc de l'Ouest et l'URSS et ses pays satellites, qui datait de 1947, prend fin en 1989 avec la chute du mur de Berlin, érigé en 1961 pour empêcher le passage entre Berlin-Est et Berlin-Ouest. Avec le déclin puis la chute de l'URSS, la course aux armements ralentit et la carte du monde est redessinée. L'économie connaît des ratés. En 1973, le prix du baril de pétrole passe de 2 à 10 dollars, ce qui provoque une hausse générale des prix. Au début des années 1980, une récession frappe le pays. Au Canada, le taux de chômage atteint 14 % et les taux d'intérêt grimpent

Alain Cardinal (1953-). *Marée haute sur la Beaver Hall* (1996). Galerie Nordsouth intérieurs, Montréal, Québec.

à près de 20 %. La consommation est gravement ralentie. L'économie est à peine remise des chocs pétroliers qu'une nouvelle récession, la pire depuis la crise de 1929, commence en 1990. Un peu partout, des guerres régionales éclatent et les orthodoxies religieuses montent inexorablement en puissance. Décidément, le monde actuel est bien différent – puisqu'il est moins idéaliste – de celui des années 1970…

L'ÉCRITURE FÉMINISTE

L'écriture féministe ne date pas de 1976. Des anthologies comme *La pensée féministe au Québec*[2] attestent que le mouvement remonte loin. Gaëtane de Montreuil (1867-1951), une de nos premières journalistes, fait notamment parler d'elle dès la fin du XIXᵉ siècle. Elle publie ensuite des contes, de la poésie et des

---

1. Claude IMBERT. « Question de sagesse », *Le Point*, nᵒ 1780, 26 octobre 2006, p. 3.
2. Micheline DUMONT et Louise TOUPIN. *La pensée féministe au Québec. Anthologie (1900-1985)*, Montréal, Les éditions du remue-ménage, 2003, 750 p.

romans. Son œuvre lui vaut de jouer le rôle ingrat de pionnière de la littérature de son temps, estime Réginald Hamel, qui ajoute : « Elle y occupe une place importante dans un halo de féminisme avant la lettre[1]. »

Laurette Larocque, alias Jean Despréz (1906-1965), fait aussi partie de ces femmes qui luttent pour leur émancipation à travers leurs écrits. Travaillant toute sa vie de 10 à 12 heures par jour au moins, en avalant café sur café, elle écrit d'innombrables textes pour la radio, la scène, la télévision et les périodiques. Pour parvenir à s'imposer, elle doit cependant se battre. Au début, Radio-Canada refuse en effet tous les projets qu'elle soumet sous son vrai nom : elle choisit alors de les présenter sous un pseudonyme masculin afin de les faire accepter.

Si des femmes comme Blanche Lamontagne et d'autres signent de leur vrai nom des œuvres d'imagination, il reste que même des journalistes réputés comme Henri Bourassa et Olivar Asselin évoquent régulièrement l'infériorité congénitale des femmes. Et force est de reconnaître que, au début de la radio, celle qui avait la prétention de concevoir un radioroman pouvait facilement passer pour une hurluberlue.

Le Théâtre des cuisines est fondé en 1973. Il obtient son plus grand succès deux ans plus tard, avec *Môman travaille pas, a trop d'ouvrage !* Suit la création du Théâtre expérimental des femmes. En 1978, la pièce *Les fées ont soif,* de Denise Boucher (1935-), marque un tournant important de l'écriture féministe. Présentée au Théâtre du nouveau monde, elle provoque pendant des mois des débats acerbes, des pétitions, des manifestations, des contre-manifestations et même des procès, parce qu'on s'y moque de la religion et de la Vierge. Les fées, ce sont des femmes qui refusent de se plier au rôle traditionnel que les hommes leur imposent depuis toujours, contrairement à la Vierge, qui, elle, n'a jamais eu de prise sur son destin. La charge contre les stéréotypes féminins est véhémente.

Denise Boucher (1935-)

ŒUVRE

Les fées ont soif

MARIE. — Maman. Tu mas enseignée à être propre, féminine et distinguée. Et pure. Jusqu'à la neutralité.

LA STATUE. — Moi ?

MARIE. — Je me suis piégée dans tes histoires.

5 Je comprends que tu aies tellement pleuré. Tu as pleuré et tu n'as rien appris de tes larmes. Pour la vertu, maman. Qu'est-ce que leurs vertus ? Tu m'as dit : on est toujours la servante de quelqu'un. Moi, j'ai pas envie. Je l'aime le p'tit. Mais toute la journée tu seule avec lui, maman, moi, je l'prends pas. Je m'ennuie. Maman. Je dépéris.

---

1. Réginald HAMEL. *Gaëtane de Montréuil*, Montréal, L'aurore, « Littérature », 1976, p. 134.

10 Toi qui avais souffert de la soumission, pourquoi m'as-tu engagée à me soumettre aussi? Ça pas d'bon sens, maman. Y a quelque part, quelque chose que tu ne m'as pas dit. Tu t'prenais pour la sainte Vierge. Celle de toutes les douleurs. Tu aimais les curés. Ils t'ont détournée de ton corps. De ton homme. Et de moi. Ils t'ont volée à toi-même. Maman, je cherche ma mère. Maman,

15 dis-moi quelle bataille nous avons perdue un jour pour aboutir à être moins qu'un tapis?

La bataille a-t-elle jamais eu lieu maman? Tu étais faite pour aimer. Ils ont fait de toi une matronne. Comment se parle maman la langue maternelle? Ils ont dit qu'elle était une langue maternelle. C'était leur langue à eux. Ils l'ont struc-

20 turée de façon à ce qu'elle ne transmette que leurs volontés à eux, leurs philosophies à eux.

LA STATUE. — C'étaient les euneuques du prophète. Les euneuques de l'esprit et de la chair qui parlaient ainsi.

MARIE. — Ils t'ont trompée maman. Leur langue ne nous appartient pas. Elle ne

25 nomme rien de ce que je cherche. Elle cache mon identité. Je m'ennuie partout en moi de mon lieu secret de moi. De ton lieu secret qui ne me fut jamais livré.

Si je ne te trouve pas maman, comment veux-tu que je me trouve, moi? Je m'ennuie de ma mère qui est en toi.

Maman, je voudrais dormir encore dans tes bras. Je voudrais me rapprocher

30 de toi.

Pour trouver la voie réelle de nos vraies entrailles. Maman, je voudrais m'éplucher comme une orange.

Je voudrais jeter ta peau de police.

Je voudrais me défaire de peau en peau, comme un oinion. Jusqu'à me bai-

35 gner dans notre âme.

Maman. Maman. Viens me chercher.

MADELEINE. — Maman, viens chercher ta p'tite fille.

LA STATUE. — Mes pauvres petits bébés d'amour.

Tous ceux qui ont voulu être Dieu, des dieux, ont défait mes entrailles et

40 l'amour qui rôdait dans mes bras, dans mes mains, dans mes cuisses, dans mes yeux et dans mes seins.

MADELEINE — Cel lu le

MARIE. — Fa mil le

MADELEINE. — Foyer

45 LA STATUE. — Re li gion

MADELEINE. — Cel lu le

MARIE ET MADELEINE ET LA STATUE. —

Nos larmes

N'usent pas

50 Les bar reaux de nos prisons

Les bar reaux de nos prisons

Nous som mes des pri son niè res po li ti ques[1]

Succédant à d'autres revues comme *Québécoises deboutte!* (1971) ou *Les têtes de pioche* (1976-1979), *La vie en rose*, de 1980 à 1987, contribue grandement à la diffusion du féminisme au Québec. Tirant à 40 000 exemplaires au moment de sa disparition, ce périodique d'abord publié dans la revue *Le temps fou* aborde des sujets chauds : l'avortement, la réforme du droit de famille, les dangers du mariage, etc. Mais les revenus tirés de la publicité ne seront jamais suffisants pour maintenir le périodique à flot.

Outre la diffusion de grands dossiers, *La vie en rose* a pour objectifs « de dénoncer l'oppression des femmes, de donner du plaisir aux lectrices et de démontrer la vitalité de la culture des femmes[2] ». En ce sens, malgré sa courte existence marquée par des difficultés financières, elle aura pleinement accompli sa mission avec ses 50 numéros parus. Vingt ans plus tard, en 2005, paraîtra un numéro commémoratif, comme si, entre-temps, une nouvelle ère était venue.

Le premier numéro de
La vie en rose, mars 1980.

Les noms de Madeleine Gagnon (1938-) et de Nicole Brossard (1943-) doivent être également mentionnés à propos du féminisme au Québec. La première touche à tous les genres et à tous les langages, notamment dans *Pour les femmes et tous les autres,* tandis que la seconde, cofondatrice de la revue *La barre du jour,* publie surtout de la poésie, des essais et des romans dans lesquels elle expérimente différentes formes d'écriture.

1. Denise BOUCHER. *Les fées ont soif*, Montréal, Les éditions Intermède, 1978, p. 119-121.
2. Françoise GUÉNETTE. « Vie et mort d'un magazine féministe », *La vie en rose*, hors série, septembre 2005, p. 7.

UN ROMAN MULTIDIRECTIONNEL

De 1976 à nos jours, les voies multiples qu'emprunte la littérature québécoise transparaissent d'abord et avant tout dans l'univers du roman. Celui-ci peut être qualifié de multidirectionnel, en ce sens que la production est abondante et fort variée. Là comme ailleurs, l'avenir dira quels titres s'imposeront. Mais, bien qu'ils soient très différents les uns des autres, quatre romanciers se démarquent en enfantant des best-sellers qui ont pour dénominateur commun de croquer un morceau du Québec.

Tout en continuant de travailler pour le théâtre, Michel Tremblay lance en 1978 un roman intitulé *La grosse femme d'à côté est enceinte*, le premier tome de ses *Chroniques du Plateau Mont-Royal*, qui en compteront six. Un peu comme dans ses pièces, il décrit un microcosme de notre société en recourant au réalisme et au fantastique. D'autres œuvres suivront, comme *Un ange cornu avec des ailes de tôle*, rempli de souvenirs d'enfance, démontrant le vif talent de romancier de l'auteur et sa grande capacité de travail.

Un peu plus tard, *Le matou*, d'Yves Beauchemin (1941-), connaît des ventes astronomiques. L'auteur sait raconter une histoire, en créant un rythme rapide et des dialogues naturels. Ses personnages sont d'autant plus attachants que ce sont des Québécois ordinaires. Le réalisateur Jean Beaudin tirera un film de ce roman.

Les trois tomes des *Filles de Caleb,* d'Arlette Cousture (1948-), forment une saga historique qui rencontre également un grand succès et qui sera adaptée pour la télévision. Cousture met l'accent sur le quotidien et les émotions des personnages, telle la maîtresse d'école d'antan, lesquels évoquent des archétypes québécois qui suscitent un écho chez les lecteurs.

Marie Laberge (1950-) représente un cas particulier. D'abord dramaturge à succès, avec des pièces comme *C'était avant la guerre à l'Anse à Gilles* ou *L'homme gris* – présentée plus de 300 fois à Paris et à Bruxelles –, elle se tourne en 1989 vers l'univers romanesque. Ses romans *Juillet* et *Quelques adieux* attirent l'attention, mais sa trilogie *Le goût du bonheur* est une réussite sur tous les plans.

À travers l'histoire de Gabrielle et d'Adélaïde – la mère et la fille –, puis celle de Florent – l'ami –, l'auteure brosse un portrait impressionnant de la société québécoise à partir des années 1930 : militantisme des suffragettes, omniprésence de l'Église, crise économique, pauvreté, famine, tuberculose, etc. Certains passages laissent en outre songeur, par exemple quand Laberge décrit l'attitude des médecins à l'égard des femmes qui font une fausse couche. L'un d'eux, indifférent, répond ainsi à une dame qui l'implore d'intervenir : «Elle souffre les conséquences de ses actes, Madame[1].» Un passage du *Poids des ombres*, roman sur les relations mère-fille, fournit un aperçu de l'habileté de Marie Laberge à mener une narration.

---

1. Marie LABERGE. *Adélaïde. Le goût du bonheur*, Montréal, Boréal, 2001, p. 241.

Marie Laberge (1950-)

Le poids des ombres

À son troisième essai, la téléphoniste des renseignements généraux de l'université lui confirme: «Oui, on
a un Jocelyn Maltais de listé.» Elle note le numéro
mais décide de se rendre à l'université.

5 Le nom est sur la porte entrouverte, elle frappe. L'homme est sur le point de
partir, il ferme sa serviette, hausse le sourcil droit: il est vieux. Enfin... il a l'air
vieux, cheveux gris, peau martelée au poinçon d'une ancienne acné, bouche
comme un fil:

— Oui?

10 — C'est pour une recherche que je fais. On m'a dit de venir vous voir.

— Quel sujet?

— Le sida et ses réper...

— Allez plutôt voir Sauvé. Bureau 7230.

— Je préférerais vous parler à vous.

15 — Je ne peux pas vous aider.

Il veut sortir. Si elle se poussait un peu, elle est certaine qu'il en profiterait
pour s'éclipser. Elle attaque de front: «En fait, ma recherche porte sur Yseult.»
Elle l'examine, traque le moindre recul, le moindre mouvement de reconnaissance. Rien. Calme plat dans son visage, dans ses yeux, un contrôle incroyable.
20 Elle hésite:

— Yseult... Marchesseault.

— Ça ne me dit pas ce que vous cherchez.

— Je voudrais des renseignements sur elle.

— Connais pas.

25 Il regarde sa montre. Le monstre! Encore un goujat qui veut faire sa vie, qui
a eu sa récréation et désire maintenant consacrer son précieux temps à sa
carrière. Une minute, mon vieux: «Vraiment, monsieur Maltais?»

Il fait non, ébauche un sourire: «Pas Maltais, Goulet. Gaston Goulet. Maltais
n'est plus là.»

30 Sa bouche s'ouvre d'elle-même tellement elle est décontenancée: «Mais...»
Elle indique la porte, le nom sur la porte. Il éteint la lumière, l'entraîne dans
le corridor, ferme à clé:

— Lenteurs administratives: un an minimum pour changer la plus petite plaque.
Le rythme universitaire, quoi! Au revoir.

35 — Hé!

Il se retourne en marchant, elle court pour l'atteindre:

— Où il est, Maltais?

— Mort.

Elle reste plantée là pendant qu'il s'éloigne rapidement, devient une petite
40 ombre sur le plancher luisant du corridor[1].

Parmi les romancières qui créent des œuvres de qualité, signalons Francine Noël (1945-), Francine D'Amour (1948-), Monique LaRue (1948-) et Monique Proulx (1952-). Chacune possède un style particulier caractérisé par une grande précision. Mais, à l'image de la tendance qui prédomine dans le roman de cette époque, leurs récits suivent des directions variées qui vont parfois jusqu'à s'opposer et ils explorent des univers différents. La pensée postmoderniste y est souvent manifeste, par exemple chez Francine D'Amour.

COURANT LITTÉRAIRE LE POSTMODERNISME

Définition: la remise en cause des modèles dominants qui ont mené à l'impasse.

Thèmes: le cynisme, l'individualisme, l'hédonisme, l'actualisme et le relativisme.

Genres: on essaie de dépasser les frontières dans tous les genres.

Francine Noël, avec *Maryse*, *Myriam première* et *La conjuration des bâtards*, son grand cycle romanesque, imbrique le féminisme et le nationalisme, qui jusque-là étaient traités séparément. Francine D'Amour, avec *Les dimanches sont mortels*, *Les jardins de l'enfer* et *Le retour d'Afrique*, propose des romans noirs et hantés de scènes inoubliables. Monique LaRue, dans *La démarche du crabe*, offre une réflexion sur l'identité masculine. C'est aussi le cas de Monique Proulx, dans *Homme invisible à la fenêtre*, auteure, au surplus, du superbe recueil de nouvelles *Les aurores montréales*.

Chez les hommes, si l'on doit compter leurs aînés Jacques Poulin (1937-), Noël Audet (1938-2005) et Louis Gauthier (1944-) parmi les meilleurs romanciers québécois, ne serait-ce qu'en raison de *Volkswagen Blues*, de *L'ombre de l'épervier* et des *Aventures de Sivis Pacem et de Para Bellum*, Louis Hamelin (1959-) et Christian Mistral (1964-) représentent deux valeurs sûres du postmodernisme. *La rage*, de Hamelin, est un livre explosif à tous points de vue: «Laval, Laval, Lavallavallaval[2]»; *Vamp*, de

---

1. Marie LABERGE. *Le poids des ombres*, Montréal, Boréal, 1999. © 1994 Productions Marie Laberge inc. Tous droits réservés.
2. Louis HAMELIN. *La rage*, Montréal, Québec Amérique, «Littérature d'Amérique», 1989, p. 242.

Mistral, laisse toujours déconcerté : « — Tu conduis toujours comme ça, grand-père ? demandai-je. — Seulement quand j'ai envie de chier, gémit-il en grimaçant[1]. »

Sylvain Trudel (1963-) fait une entrée remarquée sur la scène littéraire en 1986 avec *Le souffle de l'harmattan*. Écrite dans un style rappelant un peu celui du grand Émile Ajar[2], l'histoire de Habéké, un Africain transplanté dans une famille québécoise, et de Hughes, un enfant trouvé estimant ne pas avoir sa juste place, révèle un solide écrivain. Des ouvrages comme *Terre du roi Christian* et *Du mercure sous la langue* confirment cette impression.

Sylvain Trudel (1963-)

ŒUVRE

Du mercure sous la langue

Je me rappelle avoir entendu un jour mon grand-père Baillargeon affirmer qu'il n'y a pas trente-six misères, seulement deux : la jeunesse et la vieillesse. On vit ou on meurt, c'est tout, et ce sont là les seules vraies misères
5 du monde, qu'il disait. Et puis, pour lui, les poètes sont des peureux qui vivent la cervelle dans les cieux avec les moineaux zinzins, qui papillonnent autour d'un soleil qui est leur nombril, et qui font jamais rien de bon dans la vie, contrairement aux manuels qui, eux, savent quoi faire en toutes circonstances sans s'enchanter d'eux-mêmes, qui ne craignent pas la
10 vraie vie terne et sale et sans gloire, mais si pleine de vraies souffrances à soulager tout autour de soi, et pas plus loin qu'au coin de la rue ou que dans la pièce d'à côté. La grande dignité des hommes, et la seule chose noble à faire en ce bas monde selon mon grand-père, c'est de vivre comme si de rien n'était, comme si on ne voyait rien venir à l'horizon ; et ceux qui vont bien
15 doivent s'occuper de ceux qui vont mal en attendant d'aller mal à leur tour, et puis c'est tout. Pas de quoi, là-dedans, torchonner des poèmes. Évidemment, mon grand-père ne parle plus de ces choses-là depuis que je suis devenu moi-même toutes les misères du monde, depuis que je poétise ma pauvre réalité élémentaire, et je sais qu'il aurait honte s'il savait que je me souviens de
20 ce dimanche-là, honte d'avoir trop parlé à travers son chapeau même si je crois qu'il a raison, et, pour le lui prouver, je dis rien de grave, je parle de la météo au nom de l'amour qui nous unit, comme si je ne voyais rien venir à l'horizon, et j'espère qu'il s'en rend compte.

« Est-ce qu'il fait beau dehors ?

25 — Pas chaud... Y a un p'tit vent... »

---

1. Christian MISTRAL. *Vamp*, Montréal, Québec Amérique, « Littérature d'Amérique », 1988, p. 101.
2. Alias Romain Gary, écrivain français (1914-1980).

> Oui, dehors, un p'tit vent mortel souffle sur ton pays que je vois par la fenêtre et qui est un bien étrange pays, grand-papa, où les gens sont gras durs mais pleurnichent comme des lavettes, où deux et deux ne font pas quatre comme ailleurs, où les campagnes saccagées sont des capharnaüms de vinyle et d'alu-
> 30 minium, où les villages défrichés ressemblent à des tas de boîtes de souliers qui cuisent au soleil ou qui suffoquent sous la neige, où les villes sont des verrues, où les écoles ont l'air de manufactures, où tout pourrait avoir lieu mais où jamais rien n'arrive; et si je n'allais pas mourir de mort naturelle, je me demande si à vingt ans je n'aurais pas songé à me faire sauter la cervelle,
> 35 comme tous les jeunes de ton triste pays gris, grand-papa[1].

Par ailleurs, parmi les plumes les plus prometteuses qui se confondent avec le style autobiographique figure Nelly Arcan (1975-). Avec *Putain,* son premier roman, histoire d'une «escorte» qui voit défiler les hommes, on découvre l'un de ces récits au «je» comme il s'en écrit en France. Grâce à la force de l'écriture, on dépasse cependant ici l'anecdote, même si on a l'impression que Nelly Arcan se piège elle-même lorsqu'elle insiste pour dire, dans les entrevues, que sa fiction ne doit pas être confondue avec sa vie.

Cependant, le roman québécois n'a pas dit son dernier mot. Stéphane Bourguignon (1964-) et Guillaume Vigneault (1970-), le fils de Gilles, en sont des preuves supplémentaires.

CEUX ET CELLES VENUS D'AILLEURS

Il suffit de jeter un simple coup d'œil dans le *Dictionnaire des écrivains émigrés au Québec* pour se rendre compte de l'étendue et de la complexité du phénomène des écrivains venus d'ailleurs. D'après cet ouvrage, l'arrivée d'écrivains émigrants remonte au début du XIXe siècle. Comme on s'en doute, c'est toutefois au début des années 1980 que le mouvement s'amplifie au point de donner naissance à «un courant littéraire que Robert Berrouët-Oriol [1951-], un poète québécois d'origine haïtienne, a nommé [...] "les écritures migrantes[2]"».

Henry Wanton Jones (1925-). *L'arrivant* (1978). Collection particulière.

1. Sylvain TRUDEL. *Du mercure sous la langue*, Montréal, Les allusifs, 2001, p. 45-46.
2. Daniel CHARTIER. *Dictionnaire des écrivains émigrés au Québec: 1800-1999*, Montréal, Nota bene, 2003, p. 5.

Nés à Cracovie, à Port-au-Prince ou à Shanghai, ces hommes et ces femmes ont non seulement quitté leur pays d'origine à des âges variés, mais ils ont aussi dans la plupart des cas délaissé leur langue maternelle afin de créer en français. Il s'en est souvent suivi une certaine confusion d'identité, reconnaissent-ils volontiers, à laquelle s'ajoute la confusion de ce pays incertain.

COURANT LITTÉRAIRE LES ÉCRITURES MIGRANTES

Définition : les écritures reflétant la nouvelle multiethnicité du Québec.

Thèmes : l'étranger, le pays, le monde, l'être humain, les racines, le langage.

Genres : le roman, la poésie, le théâtre et l'essai.

Les écrivains migrants ont beaucoup reçu de leur terre d'accueil – une nouvelle identité collective, une autre langue, une culture spéciale, une immense liberté, un chaleureux respect –, mais, dans une sorte d'osmose, ils lui ont aussi énormément donné. Tout en conservant leur personnalité, ils ont souvent pris part aux combats des Québécois de souche, s'intéressant parfois plus que ces derniers à l'histoire de leur pays et à son évolution.

Les noms de Naïm Kattan (1928-) et d'Alice Parizeau (1930-1990) viennent tout de suite à l'esprit. Né en Irak, Naïm Kattan écrit depuis des décennies romans, essais et nouvelles à profusion, occupant également des postes importants au sein de la vie culturelle. Alice Parizeau, pour sa part, signe des romans comme *Survivre* et *Les lilas fleurissent à Varsovie*, qui racontent les horreurs de la guerre, l'arrivée du communisme et la lutte pour la liberté, tout en donnant d'impressionnantes leçons de survie et d'espoir.

Arrivé au Québec en 1976 à l'âge de 23 ans, Dany Laferrière (1953-) devient vite le plus illustre des écrivains migrants. Son roman *Comment faire l'amour avec un Nègre sans se fatiguer,* publié en 1985, est un grand succès populaire – 250 entrevues marquent la sortie du livre. Le héros est un immigrant de race noire récemment installé au 3670, rue Saint-Denis, une ancienne adresse de l'écrivain. Tous les clichés sur les Noirs obsédés par le sexe ou à la virilité animale défilent dans l'ouvrage, souvent contredits par une ironie mordante renvoyant, entre autres, aux nombreuses références culturelles de l'auteur.

Laferrière écrit ainsi, au début d'un chapitre : « Faut lire Hemingway debout, Basho en marchant, Proust dans un bain, Cervantès à l'hôpital, Simenon dans le train (Canadian Pacific), Dante au paradis, Dosto en enfer, Miller dans un bar enfumé avec hot dogs, frites et coke... Je lisais Mishima avec une bouteille de vin bon marché au pied du lit, complètement épuisé, et une fille à côté, sous la douche[1]. »

---

1. Dany LAFERRIÈRE. *Comment faire l'amour avec un Nègre sans se fatiguer*, Montréal, VLB, 1985, p. 21.

Vivant à Miami et à Montréal depuis 1990, Laferrière élabore ensuite une œuvre qui se révèle finalement complexe, faisant une espèce de va-et-vient entre ses trois ports d'attache. Les romans *Éroshima, L'odeur du café, Le goût des jeunes filles* et *Cette grenade dans la main du jeune Nègre est-elle une arme ou un fruit?* parlent d'eux-mêmes. « Nous sommes les fils de cette boue noire[1] », écrit-il ailleurs.

On doit souligner l'apport de Régine Robin (1939-), dont le roman *La Québécoite,* paru en 1983, étonne à plusieurs égards. Dans un texte très éclaté, un personnage de juive ukrainienne de Paris temporairement installée à Montréal démontre une connaissance intéressante du Québec, mais cette vie qui se refait semble incapable de s'attacher à un seul lieu.

Même s'ils empruntent des voies assez différentes, Émile Ollivier (1940-2002), Sergio Kokis (1944-) et Marco Micone (1945-) font également partie des écrivains d'ici de grande valeur. Venus respectivement de Haïti, du Brésil et de l'Italie, ils proposent des œuvres phares. Au surplus, Micone, par exemple, désire « participer à la définition de la société québécoise par le biais de la présentation de la culture immigrée[2] », quitte à se voir traiter d'assimilé. Son pastiche de « Speak white », de Michèle Lalonde, est éloquent.

ŒUVRE

Marco Micone (1945-)

Speak what

Il est si beau de vous entendre parler
de *La romance du vin*
et de *L'homme rapaillé*
d'imaginer vos coureurs des bois
5 des poèmes dans leurs carquois

nous sommes cent peuples venus de loin
partager vos rêves et vos hivers
nous avions les mots
de Montale et de Neruda
10 le souffle de l'Oural
le rythme des haïku

speak what now
nos parents ne comprennent déjà plus nos enfants

---

1. Dany LAFERRIÈRE. *Le cri des oiseaux fous*, Montréal, Lanctôt, 2000, p. 75.
2. Nathalie PRUD'HOMME. *La problématique identité collective et les littératures (im)migrantes au Québec*, Montréal, Nota bene, « Études », 2002, p. 109.

nous sommes étrangers
15 à la colère de Félix
et au spleen de Nelligan
parlez-nous de votre Charte
de la beauté vermeille de vos automnes
du funeste octobre
20 et aussi du Noblet
nous sommes sensibles
aux pas cadencés
aux esprits cadenassés

speak what

25 comment parlez-vous
dans vos salons huppés
vous souvenez-vous du vacarme des usines
and of the voice des contremaîtres
you sound like them more and more

30 speak what now
que personne ne vous comprend
ni à Saint-Henri ni à Montréal-Nord
nous y parlons
la langue du silence
35 et de l'impuissance

speak what
« productions, profits et pourcentages »
parlez-nous d'autres choses
des enfants que nous aurons ensemble
40 du jardin que nous leur ferons

délestez-vous des maîtres et du cilice
imposez-nous votre langue
nous vous raconterons
la guerre, la torture et la misère
45 nous dirons notre trépas avec vos mots
pour que vous ne mouriez pas
et vous parlerons
avec notre verbe bâtard
et nos accents fêlés
50 du Cambodge et du Salvador
du Chili et de la Roumanie
de la Molise et du Péloponnèse
jusqu'à notre dernier regard

speak what

55 nous sommes cent peuples venus de loin
pour vous dire que vous n'êtes pas seuls[1]

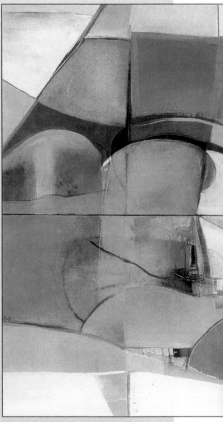

Guylaine Beauchemin (1961-).
Pays, lieu de rencontre #3
(1998). Galerie Valentin,
Montréal, Québec.

---

1. Marco MICONE. « Speak what », *Jeu*, n° 50, mars 1989, p. 83-85.

La romancière d'origine chinoise Ying Chen (1961-) est également une figure importante de l'écriture migrante. Ses romans *La mémoire de l'eau* et *L'ingratitude* sont salués par la critique, et *Les lettres chinoises*, publiées en 1993, apparaissent en bonne place dans l'ouvrage *Les 100 romans québécois qu'il faut lire*[1]. Ses livres, soutenus par un style sobre et économe, abordent nombre de problématiques propres aux immigrants, dont le thème de l'étranger, surtout vu sous l'angle des Chinois.

Certains Québécois d'origine canadienne-française sont souvent associés aux écritures migrantes. C'est le cas notamment de Gil Courtemanche (1943-), dont le roman *Un dimanche à la piscine à Kigali* est une émouvante observation du génocide rwandais.

ENCADRÉ — DOCUMENTAIRE

Coller une étiquette

Dans *J'écris comme je vis,* Dany Laferrière évoque sa grande frustration de se voir étiqueté : « Comme, par exemple, "écrivain immigrant", "écrivain ethnique", "écrivain caraïbéen", "écrivain du métissage", "écrivain postcolonial" ou "écrivain noir"... Je suis condamné, quelle que soit la posture que je prends, à me faire coller une étiquette sur le dos. La dernière en date, j'y reviens, c'est "écrivain francophone". [...] Le premier qui écrit que j'ai un style tropical ou solaire, je lui casse la gueule. Est-ce si difficile de dire d'un type qui écrit qu'il est un écrivain ? [...] À la limite, je préférerais qu'on dise que je suis un mauvais écrivain tout court plutôt que d'être qualifié de bon écrivain haïtien, caraïbéen ou exilé[2]. »

LA CHANSON ET SES SUCCÈS

Si elle est florissante pendant la période précédente, la chanson québécoise l'est peut-être encore plus ces dernières années. Grâce à la contribution d'artistes dont la production couvre l'une et l'autre époque, la transition se fait naturellement. Plusieurs chanteurs continuent à créer, comme Gilles Vigneault ou Jean-Pierre Ferland, mais d'autres s'imposent avec une belle assurance, explorant avidement tous azimuts.

Dès 1964, à l'âge de 17 ans, Claude Dubois (1947-) compose *J'ai souvenir encore,* un pur bijou à propos de la rue Sanguinet de son enfance : « J'ai souvenir encore d'une vieille maison / Que l'on se partageait chacun à sa façon / Un logement bien chauffé / On a si bien gelé / Les rats dans l'escalier / Prenaient leur déjeuner. » Au fil des ans, Dubois accumule les réussites, mariant paroles et musique dans un style un peu « tendre voyou ».

---

1. Jacques MARTINEAU. *Les 100 romans québécois qu'il faut lire*, Québec, Nuit blanche, 1994, p. 88.
2. Dany LAFERRIÈRE. *J'écris comme je vis. Entretien avec Bernard Magnier*, Montréal, Lanctôt, 2000, p. 104-105.

Michel Rivard (1951-), membre de Beau Dommage, entame une belle carrière solo après la dissolution du groupe. Son disque *Un trou dans les nuages,* en 1987, séduit par sa finesse et sa fraîcheur. On y trouve une chanson que l'on peut qualifier d'immortelle, *Je voudrais voir la mer,* mais toutes les autres ont une personnalité à la fois propre et forte.

C'est cependant le parolier Luc Plamondon (1942-) qui imprime un nouveau mouvement à la chanson québécoise. Pour la chanteuse Diane Dufresne, qui transforme son image, il écrit 75 textes dans lesquels il fait « rocker » la langue française. Ensuite, avec le musicien français Michel Berger, c'est le début de l'aventure de l'opéra rock *Starmania* : « Stone / Le monde est stone / Je cherche le soleil / Au milieu de la nuit. » Plamondon confie : « Dans *Starmania,* j'ai voulu écrire des paroles pour des personnages que je poussais à leur extrême limite et ma grande surprise a été de voir que les gens se reconnaissaient. J'ai tenté de réaliser une fresque du XXe siècle. À Paris, comme à Montréal, ce fut un succès phénoménal. Le langage et l'écriture y étaient sans doute pour quelque chose[1]. »

Militant des droits des auteurs-compositeurs, Plamondon accumule alors les succès par l'entremise d'une foule d'interprètes d'ici et d'ailleurs. L'opéra rock *Notre-Dame de Paris* – sur une musique de Richard Cocciante – est l'un de ces triomphes. Mais certaines de ses plus simples chansons ont un parfum d'éternité : « Ne tuons pas la beauté du monde / Chaque fleur, chaque arbre que l'on tue / Revient nous tuer à son tour [...] / Ne tuons pas la beauté du monde / Faisons de la terre un grand jardin / Pour ceux qui viendront après nous. » La poétesse Huguette Gaulin (1944-1972) s'était immolée par le feu place Jacques-Cartier, à 17 heures, en plein été, criant aux clients de l'hôtel Iroquois : « Vous avez tué la beauté du monde. »

Des artistes exceptionnels s'imposent dans les années 1980. On songe à Sylvain Lelièvre (1943-2002), aux textes fluides et réalistes, à Daniel Lavoie (1949-), au style personnel et feutré, à Jim Corcoran (1949-), orfèvre de la langue, à Richard Séguin (1952-), l'authentique, à Paul Piché (1953-), l'engagé social, et à Pierre Flynn (1954-), le ténébreux.

Le groupe Offenbach joue aussi un rôle important. Un après-midi, avec Gerry Boulet (1946-1990) comme leader, alors que le groupe improvise à partir d'une de ses compositions en anglais intitulée *Calling the blues,* Pierre Harel (1944-), auteur de plusieurs textes d'Offenbach, propose d'adapter ces mots en : *Câline de blues.* Suivra la rime inattendue et historique : *Faut que j't'e jouse.* « Le premier *blues-rock* québécois venait de naître[2]. »

Les grands talents sont nombreux dans les années 1990. Richard Desjardins (1948-), d'Abitibi, n'est pas le moindre. Imperméable aux modes, de sa voix rocailleuse, il promène de bar en café des chansons peu commerciales à première vue. Un public d'inconditionnels l'aide néanmoins à lancer son premier album,

---

1. Jacques GODBOUT. *Plamondon. Un cœur de rockeur,* Montréal, Éditions de l'Homme, « Paroles d'ici », 1988, p. 89.
2. Robert LÉGER. *La chanson québécoise en question,* Montréal, Québec Amérique, 2003, p. 83.

avant que, petit à petit, un plus large public finisse par goûter son approche «poésie pure[1]». Pour plusieurs, des chansons telles que *Tu m'aimes-tu* le propulsent au même rang que des artistes comme Vigneault. À ses heures, il se fait en outre cinéaste engagé avec des films comme *L'erreur boréale*, consacré au massacre de nos forêts.

Richard Desjardins (1948-)

Tu m'aimes-tu

Ton dos parfait comme un désert
quand la tempête
a passé sur nos corps.
Un grain d'beauté où j'm'en vas boire.
5 Moi j'reste là les yeux rouverts
sur un mystère
pendant que toi, tu dors
comme un trésor au fond de la mer.

J'suis comme un scaphandre
10 au milieu du désert
qui voudrait comprendre
avant d'manquer d'air.

Y est midi moins quart
et la femme de ménage
15 est dans l'corridor
pour briser les mirages.

T'es tell'ment tell'ment tell'ment belle
un cadeau d'la mort
un envoi du ciel
20 j'en crois pas mon corps.

Pour moi t'es une prisonnière
en permission:
Qu'importe le partenaire.
J'dois être le vrai portrait d'ton père.
25 Une dare-devil Nefertiti
des sensations...
C'tu ta philosophie
d'aller coucher avec un homme t'haïs?

Pour moi t'as dit à ta chum:
30 «Check le gars 'ec des lunettes
m'as t'gager un rhum
que j'y fixe le squelette.»

Svetla Velikova (1963-). *Nu I* (2003). Détrempe à l'œuf sur bois (sanguine, feuilles d'or), 39 × 19 cm. Studio 261, Montréal, Québec.

---

1. Carole COUTURE. *Richard Desjardins. La parole est mine d'or*, Montréal, Triptyque, 1998, p. 174.

Y est midi moins quart
et la femme de ménage
35 est là pis a fait rien qu'
compter les naufrages.

T'es tell'ment tell'ment tell'ment belle
un paquebot géant
dans 'chambre à coucher.
40 Je suis l'océan
qui veut toucher ton pied.

J'pense que je l'ai: j't'ai sauvé 'a vie
dans queuqu'pays
dans une vie antérieure.
45 La fois j't'ai dit: «Va pas à Pompéi!»
C'est quoi d'abord? Si c'est pas ça
c't'à cause d'un gars
qui t'a tordu le cœur.
J't'arrivé drett'avant qu'tu meures!

50 C'pas pour mon argent
ni pour ma beauté
ni pour mon talent...
Tu voulais-tu m'tuer?

Y est midi tapant
55 et la femme de ménage
'a cogne en hurlant:
«J'veux changer d'personnage!»

T'es tell'ment tell'ment tell'ment belle
j'vas bénir la rue
60 j'vas brûler l'hôtel.
Coudon...
Tu m'aimes-tu?
Tu m'aimes-tu?[1]

D'autres chanteurs-compositeurs, comme Daniel Bélanger (1962-), Lynda Lemay (1966-), Luc de Larochellière (1966-), Éric Lapointe (1969-) et Kevin Parent (1972-), se font également une place. Les nommer seulement confine à l'injustice. Qu'on l'aime ou non, Lynda Lemay fait carrière en France sous l'aile du grand Charles Aznavour, qui écrit: «Lynda Lemay, avec ses deux "L", fait partie des oiseaux rares[2].» Quant à Luc de Larochellière, il écrit notamment une chanson à la beauté intemporelle: *Si fragile*.

Avec son groupe les Colocs, le regretté André «Dédé» Fortin (1962-2000) surprend le Québec dix ans durant. Il déploie une énergie débordante tant sur disque que sur scène. «Le sens de la fête qu'on avait perdu, il nous en a redonné un nouveau, différent, tout neuf[3]», jusqu'au suicide. Quant à Jean Leclerc (1961-), alias Jean Leloup, le plus imprévisible et le plus délinquant de tous, ses œuvres virevoltent dans une belle fantaisie, une fantaisie de surdoué.

Les années 2000 voient l'arrivée d'une nouvelle vague. Les groupes les Cowboys Fringants et Loco Locass occupent l'avant-scène. Les Cowboys, énergiques et effrontés, dérident souvent leur auditoire en dénonçant les travers d'une société

1. Richard DESJARDINS. CD, *Tu m'aimes-tu*, 1990. © Richard Desjardins/Éditions Foukinic.
2. Daniel PANTCHENKO. *Charles Aznavour ou le destin apprivoisé*, Paris, Fayard/Chorus, 2006, p. 471.
3. Jean BARBE. *Autour de Dédé Fortin*, Montréal, Leméac, 2001, p. 25.

du confort et de l'indifférence. Loco Locass se préoccupe beaucoup de la langue, mais la politique et les politiciens eux-mêmes sont souvent la cible de leurs chansons rythmées et indépendantistes (*Libérez-nous des libéraux*), quand ils n'écrivent pas des chansons à saveur existentielle (*Spleen et Montréal*).

Stefie Shock (1969-), Daniel Boucher (1971-) et Ariane Moffatt (1979-) sont également des révélations qui semblent là pour rester. Les trois manient bien l'art de la mélodie et s'amusent visiblement avec la langue : « Un homme à la mer pour chaque fille amère » (Shock) ; « La désise » (Boucher) ; « Des anges dandys au dense plumage » (Moffatt). C'est également le cas de Stéphane Archambault (1970-) et du groupe Mes Aïeux .

Mes Aïeux

ŒUVRE

Dégénérations

Ton arrière-arrière-grand-père, il a défriché la terre
Ton arrière-grand-père, il a labouré la terre
Et pis ton grand-père a rentabilisé la terre
Pis ton père, il l'a vendue pour devenir fonctionnaire

5 Et pis toi, mon p'tit gars, tu l'sais pus c'que tu vas faire
Dans ton p'tit trois et demi bien trop cher, frette en hiver
Il te vient des envies de devenir propriétaire
Et tu rêves la nuit d'avoir ton petit lopin de terre

Ton arrière-arrière-grand-mère, elle a eu quatorze enfants
10 Ton arrière-grand-mère en a eu quasiment autant
Et pis ta grand-mère en a eu trois c'tait suffisant
Pis ta mère en voulait pas ; toi t'étais un accident

Et pis toi, ma p'tite fille, tu changes de partenaire tout l'temps
Quand tu fais des conneries, tu t'en sauves en avortant
15 Mais y'a des matins, tu te réveilles en pleurant
Quand tu rêves la nuit d'une grande table entourée d'enfants

Ton arrière-arrière-grand-père a vécu la grosse misère
Ton arrière-grand-père, il ramassait les cennes noires
Et pis ton grand-père – miracle ! – est devenu millionnaire
20 Ton père en a hérité, il l'a tout mis dans ses RÉERs

Et pis toi, p'tite jeunesse, tu dois ton cul au ministère
Pas moyen d'avoir un prêt dans une institution bancaire
Pour calmer tes envies de hold-uper la caissière
Tu lis des livres qui parlent de simplicité volontaire

> 25 Tes arrière-arrière-grands-parents, ils savaient comment fêter
> Tes arrière-grands-parents, ça swignait fort dans les veillées
> Pis tes grands-parents ont connu l'époque yé-yé
> Tes parents, c'tait les discos; c'est là qu'ils se sont rencontrés
>
> Et pis toi, mon ami, qu'est-ce que tu fais de ta soirée?
> 30 Éteins donc ta tivi; faut pas rester encabané
> Heureusement que dans' vie certaines choses refusent de changer
> Enfile tes plus beaux habits car nous allons ce soir danser...[1]

Pierre Lapointe (1981-) est la dernière révélation en date des années 2000, mais non la moindre. Lauréat du Festival international de la chanson de Granby, qui, comme celui de Petite-Vallée, fait connaître beaucoup de jeunes artistes, c'est avant tout un personnage. Parfois pieds nus, mais cravaté et en haut-de-forme, Lapointe se pose en héritier de la vieille chanson française, celle de Vian, de Ferré ou de Gainsbourg, ciselant ses textes et ses musiques afin de toujours nous surprendre.

Dans les titres même de ses chansons – *Place des abbesses, Étoile étiolée, Au nom des cieux galvanisés* ou *Au pays des fleurs de la transe* –, Lapointe montre déjà sa passion pour les assemblages de mots qui sonnent. Sa virtuosité n'est cependant pas gratuite. Il sait même se montrer grave: «Car, tel un seul homme, nous avançons / Vers la même lumière, vers la même frontière / Toujours elle viendra nous arracher la vie / Comme si chaque bonheur devait être puni.»

La poésie malgré tout

D ans une société matérialiste de plus en plus centrée sur des valeurs comme l'argent, la productivité et la vitesse, la parution d'un recueil de poèmes peut parfois paraître anachronique et inutile. Les chiffres des ventes le prouvent d'ailleurs inexorablement. Mais, dans un Québec où les taux de suicide chez les moins de 25 ans et chez les hommes sont parmi les plus élevés au monde, certains comprennent combien la fréquentation de la poésie peut être bénéfique, voire thérapeutique.

La poésie étant une écriture condensée qui explore toutes les ressources du langage verbal, il convient de prendre le temps de la décoder. Bien entendu, le texte n'est pas toujours aussi limpide qu'on le désirerait et, à l'occasion, l'auteur mise sur la plurivocité; il suffit alors de persévérer.

Quand Anne-Marie Alonzo (1951-2005) amorce un poème par «Sous un catalpa en fleurs. Et tout semble commencer comme dans une histoire. Il y avait.

---

1. Mes Aïeux. CD, *En famille,* 2004. Les éditions SB enr. Stéphane Archambault – Éric Desranleau – Marie-Hélène Fortin – Frédéric Giroux – Marc-André Paquet.

Et l'herbe autour pour décor[1] », le ton est donné. Peut-être faut-il cependant lire et relire. Et peut-être faut-il chercher le sens de « catalpa ».

Si elle manque de lecteurs, la poésie ne manque pas d'auteurs ni de vitalité. Le Festival international de la poésie de Trois-Rivières, qui existe depuis 1985, accueille chaque année plus d'une centaine de poètes qui participent, plusieurs jours durant, à presque 400 activités.

Le *Dictionnaire Guérin des poètes d'ici* regroupe en 1 400 pages presque autant de poètes qui ont publié au Québec. Plusieurs éditeurs – tels Le Noroît et Les Écrits des Forges – et revues diffusent des textes. Des revues littéraires et culturelles comme *Dérives* ou *Vice versa* jouent aussi un rôle notable, qui compense le manque de soutien à la poésie des grands périodiques.

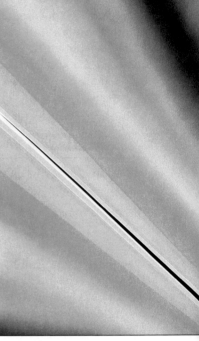

Après une vague formaliste qui dure jusqu'en 1980 – des recueils de poésie sont insérés dans des boîtes de conserve[2] ou forment des cubes de carton pouvant être lancés à la manière de dés[3] –, on assiste à un retour au livre traditionnel. Le corps, la ville, l'amour, la révolution, le bonheur, la solitude, tous les sujets sont abordés : une fois encore, la multiplicité des directions s'impose.

Parmi les poètes qui abandonnent le formalisme dans leur art, il convient de citer Claude Beausoleil (1948-) et Yolande Villemaire (1949-). Avec des termes simples, Beausoleil, auteur prolifique, crée des réalités complexes : « Écoutez ce que cache le silence / du poète écoutez ses allusions deviennent / mélancolie délivrance en déroute / les mots de son histoire impriment /

Rita Letendre (1928-). *Otera* (1979). Acrylique sur toile, 122 × 76 cm. Galerie Simon Blais, Montréal, Québec.

des musiques couvertes du présent[4]. » Quant à Villemaire, nombre de ses vers hantent la mémoire : « Je me rappelle qu'il n'y a rien qui dit / que le jour est supérieur à la nuit[5]. »

Bien qu'affirmant chacun une personnalité forte, André Roy (1944-), Denise Desautels (1945-) et François Charron (1952-) forment un trio qu'on ne peut ignorer. Rédacteur en chef de la revue *Spirale*, Roy explore l'érotisme homosexuel

---

1. Anne-Marie ALONZO. *Seul le désir*, Outremont, La nouvelle barre du jour, 1987, p. 23.
2. Roger SOUBLIÈRE. *L'anti-can*, Montréal, Procon, 1969, 100 cartons circulaires.
3. Bernard TANGUAY. *Bla-bla-bla*, Montréal, Font, 1970, s. p.
4. Claude BEAUSOLEIL. *Le chant du voyageur*, Montréal, Les herbes rouges, 1998, p. 84.
5. Marc-Aimé GUÉRIN et Réginald HAMEL. *Dictionnaire Guérin des poètes d'ici*, Montréal, Guérin, 2005, p. 1322.

dans *Les passions du samedi* («Mon cul est ton cul mais prends mais donne[1]»), tandis que Charron («Je continuerai à vieillir pour perfectionner mon enfance[2]») et Desautels («La passion erre quand nous cherchons nos mots[3]») révèlent un grand sens de la formule.

Décédée d'un cancer à l'âge de 26 ans, Marie Uguay (1955-1981) est peut-être la poète qui émeut le plus. Passionnée par l'expérience humaine, sensible à la beauté comme à la souffrance, elle parle autant de Montréal, «ville multidimensionnelle», que de l'océan éblouissant, et autant du sommeil qui permet, par le rêve, de se rapprocher de soi et des autres, que du désir amoureux, lieu de la passion, qui nous fait voir autrement. Certains évoquent ici le courant littéraire de l'autobiographie, un peu comme chez Nelly Arcan. Tout s'articule autour du «je», alors que la fiction se confond avec la vie de l'écrivain, courant qui prend de plus en plus d'ampleur à la fois ici et en France.

COURANT LITTÉRAIRE L'AUTOBIOGRAPHIE

Définition: la recherche du véritable soi-même par rapport au monde extérieur.
Thèmes: le moi intime, le quotidien, les raisons de vivre, l'appartenance.
Genres: le roman, la poésie et le théâtre.

Amputée d'une jambe quatre ans avant sa mort pour freiner son cancer, Marie Uguay nous touche profondément lorsqu'elle aborde la maladie, la mort – «l'instant où il n'y a plus rien à dire» – ou le temps. Son journal, publié récemment, en témoigne également. Il faut d'ailleurs voir le documentaire intimiste et émouvant que le cinéaste Jean-Claude Labrecque a tourné sur cette jeune femme fragile mais intense, alors qu'elle se livre au journaliste Jean Royer peu de temps avant sa mort.

ŒUVRE

Marie Uguay (1955-1981)

L'outre-vie

Il existe pourtant des pommes et des oranges
Cézanne tenant d'une seule main
toute l'amplitude féconde de la terre
la belle vigueur des fruits
5 Je ne connais pas tous les fruits par cœur
ni la chaleur bienfaisante des fruits sur un drap blanc

1. Laurent MAILHOT et Pierre NEPVEU. *La poésie québécoise*, Montréal, Typo, 1996, p. 478.
2. François CHARRON. *Pour les amants*, Montréal, Les herbes rouges, 1992, p. 47.
3. Denise DESAUTELS. *Un livre de Kafka à la main*, Saint-Laurent, Noroît, 1987, p. 76.

Mais des hôpitaux n'en finissent plus
des usines n'en finissent plus
des files d'attente dans le gel n'en finissent plus
10 des plages tournées en marécages n'en finissent plus

J'en ai connu qui souffraient à perdre haleine
n'en finissent plus de mourir
en écoutant la voix d'un violon ou celle d'un corbeau
ou celle des érables en avril

15 N'en finissent plus d'atteindre des rivières en eux
qui défilent charriant des banquises de lumière
Des lambeaux de saisons   ils ont tant de rêves

Mais les barrières   les antichambres n'en finissent plus
Les tortures   les cancers n'en finissent plus
20 les hommes qui luttent dans les mines
aux souches de leur peuple
que l'on fusille à bout portant   en sautillant de fureur
n'en finissent plus
de rêver couleur d'orange

25 Des femmes n'en finissent plus de coudre des hommes
et des hommes de se verser à boire

Pourtant malgré les rides multipliées du monde
malgré les exils multipliés
les blessures répétées
30 dans l'aveuglement des pierres
je piège encore le son des vagues
la paix des oranges

Doucement Cézanne se réclame de la souffrance du sol
de sa construction
35 et tout l'été dynamique s'en vient m'éveiller
S'en vient doucement   éperdument me léguer ses fruits[1]

Membre, comme Claude Beausoleil, de la prestigieuse Académie Mallarmé, Hélène Dorion (1958-) est certainement l'une des poètes les plus actives. Lauréate de nombreux prix au Québec et à l'étranger, elle participe à de multiples rencontres, lectures publiques et colloques d'écrivains ici, en Europe, aux États-Unis et en Amérique du Sud. Longtemps directrice du Noroît, Dorion fait aussi paraître des textes dans des revues comme *Estuaire* (Québec), le *Courrier du Centre International d'études poétiques* (Belgique), *Cronica* (Roumanie) et *Présages* (France).

---

1. Marie UGUAY. *Poèmes*, Montréal, Boréal, 2005, p. 78-79.

Ses nombreux recueils offrent une poésie tournée vers les sensations et les petits détails de la vie, et dénotent un sens aigu de la perception. On devine également une écrivaine hypersensible au choix des mots, au point de tomber parfois dans l'opacité; ses poèmes gagnent alors à être relus. Ainsi lit-on, dans le recueil *L'intervalle prolongé*: «Remous d'échouer à toi[1].» Dans *Hors champ*, dédié à la mémoire de son collègue Michel Beaulieu, Hélène Dorion écrit: «Les croissants le café déjà / sept heures *I love you* / *in the morning* le taire / cet amour à peine / reconnu dans le vertige / des peurs que tu connais / pour les vivre / ces peurs m'aimeras-tu / demain serai-je encore / l'embrasure de tes chemins[2]?»

Ce survol de la poésie contemporaine reste très superficiel. Soulignons en terminant la contribution de poètes comme Patrice Desbiens (1948-), qui est aussi conteur, et Élise Turcotte (1957-), qui voit plusieurs de ses recueils couronnés, dont *La voix de Carla* et *La terre est ici*, avant de passer à la nouvelle et au roman. Quant à la génération des auteurs tels Yves Patrick Augustin (1968-), Rafaële Germain (1976-) et Jérôme Lafond (1977-), elle déborde de talent. Dans ses *Poèmes du wah-wah*, Lafond écrit: «Après un pique-nique au centre ville / Tu me ramènes là où je ne suis jamais allé / Ferme tes yeux de poupée / Que je puisse enfin te maquiller[3].»

DOCUMENTAIRE

ENCADRÉ

Avoir le choix ou non

Lors d'un colloque de l'Association des professionnels de l'enseignement du français au collégial (APEFC) tenu en 2005, Louise Dupré (1949-), poète et enseignante, raconte avoir hésité entre la science et la littérature. Puis, un jour, elle est touchée par une conférence de Jean Désy (1954-), tiraillé entre sa vocation de médecin et sa vocation de poète. «Je n'ai pas le choix de ma foi en la poésie. Elle me vient tout à la fois du plus profond du ventre et de la conscience, bien que je demeure prisonnier d'un monde beaucoup plus terre à terre[4]», affirme Désy, dont le plus beau recueil est probablement *Ô Nord, mon amour*.

L'EFFERVESCENCE DU THÉÂTRE

Le vendredi 21 octobre 1977 à minuit a lieu la première joute de la Ligue nationale d'improvisation (LNI), au Théâtre expérimental de Montréal, sis à l'époque à la Maison de Beaujeu, édifice historique du Vieux-Montréal. Les participants et les 99 spectateurs présents vivent un moment fort dans l'histoire de notre théâtre.

Née de l'imagination de Robert Gravel (1945-1996), extraordinaire comédien, et de ses camarades comme Yvon Leduc, la LNI cristallise plusieurs idées: une

1. Hélène DORION. *L'intervalle prolongé suivi de La chute requise*, Saint-Lambert, Noroît, 1983, p. 71.
2. Hélène DORION. *Hors champ*, Saint-Laurent, Noroît, 1985, p. 103.
3. Jérôme LAFOND. *Poèmes du wah-wah*, Montréal, Marchand de feuilles, «Poésie sauvage», 2003, p. 32.
4. Réjane BOUGÉ. *L'unique*, vol. 7, n° 3, septembre 2005, s. p.

pièce peut être unique à chaque représentation ; « en aucun moment le théâtre n'a le droit d'être "platte[1]" » ; le spectacle doit soulever le public et être interactif comme un match des Canadiens de Montréal. Dès lors, joueurs, entraîneurs, arbitre, juges de ligne, statisticiens, annonceur, patinoire, bandes et hymne apparaissent, exactement comme dans une partie de hockey. La création de la LNI constitue assurément une étape nouvelle dans le théâtre québécois.

En effet, sur la lancée de la LNI, Gravel fonde peu après le Nouveau Théâtre Expérimental (NTE) – avec Jean-Pierre Ronfard, Anne-Marie Provencher et Robert Claing –, et il écrit et met en scène nombre de pièces qui bousculeront les idées reçues et feront couler beaucoup d'encre. Notamment, dans *Durocher le milliardaire*, en 1991, il exige que chaque interprète consomme vraiment de l'alcool sur scène et en gère les conséquences.

Pour cette pièce, Gravel demande à Alexis Martin (1964-) de rédiger le dénouement. Martin suggère : « Toi, à la fin, tu arrives, tu sors des bécosses, tu marches sur les eaux, tu t'installes à la table avec tes paperasses. Tu es une espèce de sémiologue qui fait un discours sur le théâtre. Normalement, ça devrait être assez plate pour que les gens sortent[2]. » Les répliques qui suivent sont échangées à un moment où l'on a trop bu.

OEUVRE — Robert Gravel (1945-1996)

Durocher le milliardaire

JEAN-PIERRE. — Non, non, j'veux qu'il nous parle de son bonheur... Durocher, parlez-nous de votre bonheur...

ANNE. — Tu t'en viens impoli.

DUROCHER. — Laissez, Anne. D'abord, je pourrais dire que je suis heureux parce
5 que je jouis d'une excellente santé et que je suis dans une forme physique étonnante. Cela joue beaucoup, il est vrai. Je pourrais expliquer mon bonheur par le fait que j'ai eu une femme formidable et que je l'ai aimée au plus haut point et qu'elle m'a aimé aussi. De même que j'ai eu d'elle deux enfants que j'adore et qui aiment également leur père d'une façon sincère. Je pourrais
10 aussi ajouter que j'aime mon travail, ce qui n'est pas à dédaigner non plus. Je pourrais parler de tout ça et au fond, je tournerais autour du pot indubitablement. Je suis un homme heureux parce que je suis riche. Je suis riche à craquer. C'est un secret pour personne que j'ai fait ma fortune dans l'offshore au début des années soixante, puis dans la pierre réfractaire et plus récemment
15 dans l'hôtellerie ; j'aurais passablement de difficultés à vous donner le chiffre exact du total de ma fortune. Je suis riche, comme Crésus pour être original. Et c'est là la source de mon bonheur... C'est l'essentiel de ce qu'il faut savoir.

1. Robert GRAVEL et Jan-Marc LAVERGNE. *Impro I*, Montréal, Leméac, « Théâtre », 1987, p. 36.
2. Raymond PLANTE. *Robert Gravel. Les pistes du cheval indompté*, Montréal, Les 400 coups, 2004, p. 237.

Maurice, *un peu arrogant.* — Est-ce que si on garde la fin de notre film telle quelle, vous allez nous aider quand même? Même si on prend pas vot' fin,
20 j'veux dire?

Anne. — Voyons donc Maurice, t'es niaiseux! Monsieur Durocher l'a dit qu'y aimait ça, not' film.

Jean-Pierre. — Le proverbe « L'argent fait pas le bonheur »... Prenons le proverbe « L'argent fait pas le bonheur »... O.K.? C'est-tu vrai ou si c'est pas vrai?
25 Micro... (*Il mime bouffonnement un intervieweur.*)

Durocher. — Même les gens intelligents comme vous tombent dans le panneau.

Maurice. — Quel panneau?

Élisabeth. — Papa, la discussion va encore s'échauffer, là...

30 Jean-Pierre. — Pourquoi: encore?

Élisabeth. — Quand papa est allé donner une conférence à l'Université du Québec l'an dernier, il a tenu ses mêmes propos habituels; les étudiants étaient en furie...

Durocher. — Depuis que le monde est monde, une curieuse croyance veut
35 que les gens très riches soient profondément malheureux, ne sachant plus que faire de leur argent, se morfondant dans un ennui profond et une décadence consommée. Je ne sais pas pourquoi l'art en général, le roman, le théâtre et le cinéma en particulier, a habitué et encouragé les gens à penser comme ça. Je peux affirmer que cela n'est pas mon cas ni celui des grosses fortunes
40 que je connais. « L'argent ne fait pas le bonheur », cela m'a toujours semblé être une maxime assez dangereuse, inventée par les curés ou d'autres grands maîtres des superstitions modernes, afin d'apprendre aux petites gens de se contenter de ce qu'ils avaient et à ne pas nourrir d'ambitions trop vastes... et cela pour les garder sous leur emprise, de toute évidence. En quelque part,
45 les petits ont toujours eu une propension à se faire fourrer!

Jean-Pierre. — Tabarnac! Y a quand même un non-sens et une absurdité dans la concentration des richesses en fortunes personnelles!

Élisabeth. — Tu voudrais que mon père donne son argent au tiers-monde afin que tout le monde devienne pauvre, c'est ça?

50 Danny. — La boisson commence à taper fort, on va aller faire quelques longueurs dans la piscine[1]...

---

1. Robert GRAVEL. *La tragédie de l'homme*, Montréal, VLB, 1997, p. 70-73.

Les pièces *Vie et mort du roi boiteux* et *La mandragore* permettent à Jean-Pierre Ronfard (1929-2003) d'appliquer plusieurs idées qu'il partage avec Gravel, notamment que le théâtre est une fête. Notons que sa première œuvre, d'une durée de 15 heures, est composée de six pièces formant un cycle, dans lequel les rôles des spectateurs et des comédiens sont intervertis. Ronfard n'est jamais à court d'idées, comme le démontrent les trois tomes d'*Écritures pour le théâtre*, où il déclare notamment: «Ce qui prouve bien que le sens des mots dépend de ce qu'on veut y mettre et de la façon dont on les prononce[1].»

En dehors du groupe gravitant autour de Gravel, d'autres dramaturges produisent des textes de grande qualité. René-Daniel Dubois (1955-) est de ceux-là, lui qui n'écrit plus et se plaît maintenant à dire que la capitale culturelle du Québec est… Las Vegas. Après avoir voulu devenir pape, pompier et monstre du Loch Ness, il se tourne vers le théâtre. En 1979, il fonde la compagnie de théâtre La Gougoune de fantex, qui crée *Panique à Longueuil* et *Adieu Docteur Münch* au début des années 1980. Mais ce sont surtout ses pièces *Ne blâmez jamais les Bédouins* et *Being at home with Claude*, écrite en six jours, qui en font un auteur incontournable.

Avec Robert Lepage (1957-), le théâtre québécois s'exporte. Après des réussites comme *Vinci, Les plaques tectoniques* ou *Les aiguilles et l'opium,* dans lesquelles il se révèle comme un magicien de l'image et de la mise en scène, Lepage parcourt les cinq continents pour y présenter ses œuvres ou pour mettre en scène un opéra. Les nouvelles technologies et les procédés cinématographiques jouent souvent un rôle important dans son travail.

Né au Liban, Wajdi Mouawad (1968-) s'installe à Montréal après quelques années en France. Sa contribution comme auteur et metteur en scène est considérable. Il dirige aussi le Théâtre de Quat'Sous. Il remporte à

Maurice Douard (1951-).
La pause (2006). Acrylique sur toile, 119,3 × 40,6 cm. Studio 261, Montréal, Québec.

---

1. Jean-Pierre RONFARD. *Écritures pour le théâtre*, Montréal, Dramaturges éditeurs, 2002, Tome III, p. 129.

Paris le Molière du meilleur auteur francophone vivant pour sa pièce *Littoral,* mais, provocation parmi d'autres, il refuse son trophée, protestant ainsi contre l'« indifférence » des directeurs de théâtre à l'égard de la création contemporaine.

Pour compléter notre tableau du théâtre québécois, citons Michel Marc Bouchard (1958-), qui crée un théâtre teinté d'humour et d'audace, avec des pièces frappantes comme *Les muses orphelines* (« Ça s'appelle "un amant[1]" ») ou *Les porteurs d'eau* (« Tiens, le gouvernement, y'est comme moi avec toi : on fait des affaires croches pour notre bien[2] »). Carole Fréchette (1949-), Larry Tremblay (1954-), Jean-Marc Dalpé (1957-) et Dominic Champagne (1962-) mènent quant à eux des carrières internationales. Enfin, *Appelez-moi Stéphane* et *Les voisins,* les pièces hilarantes de Louis Saia (1950-) et de Claude Meunier (1951-), constituent des classiques de notre littérature ; elles sont empreintes d'un humour absurde que Meunier va pousser encore plus loin à la télévision.

Chose certaine, les expériences théâtrales foisonnent et continuent d'aller dans toutes les directions. Le Théâtre du Grand Jour, par exemple, offre une « soirée Tupperware de théâtre à domicile[3] » (trois forfaits sont possibles), pendant laquelle il est question de responsabilité sociale. De nombreux jeunes dramaturges voient leurs textes joués sur scène. Fanny Britt (1977-), avec *Couche avec moi (c'est l'hiver),* présentée à l'Espace Go, se démarque peut-être en vertu de l'autodérision dont elle est capable « sur le sexe triste, la place de l'art et la quête des inaccessibles 15 minutes de gloire[4] ». Il en va de même pour Evelyne de la Chenelière (1975-), dont la pièce *Des fraises en janvier* est montée en Europe, tandis que *Bashir Lazhar,* histoire d'un suppléant de sixième année d'origine algérienne – l'institutrice s'est suicidée dans l'enceinte de l'école –, relève du grand art.

Nicole Payette (1953-). *Sans titre* (2001).
Technique mixte, 60,96 × 60,96 cm.
Galerie Michel-Ange, Montréal, Québec.

---

1. Michel Marc BOUCHARD. *Les muses orphelines,* Montréal, Leméac, « Théâtre », 1989, p. 85.
2. Michel Marc BOUCHARD. *Les porteurs d'eau,* Montréal, Leméac, « Théâtre », 2004, p. 60.
3. Sylvie SAINT-JACQUES. « Un spectacle dont vous êtes le responsable », *La Presse,* 123e année, n° 3, dimanche 22 octobre 2006, p. Radar-7.
4. Sylvie SAINT-JACQUES. « Tout nu, l'hiver, on gèle », *La Presse,* 122e année, n° 351, lundi 16 octobre 2006, p. Arts et spectacles-6.

Evelyne de la Chenelière (1975-)

Des fraises en janvier

Scène 5

Café de François. Robert observe Sophie et François.

SOPHIE. — Quoi?! Comment ça tu penses que t'es pas prêt? Tu me niaises?!

FRANÇOIS. — Ça s'est fait trop vite...

5 SOPHIE. — François on s'aime, tout va bien, c'est pas l'abattoir, un mariage!

FRANÇOIS. — Je sais...

SOPHIE. — C'est juste une très belle fête.

FRANÇOIS. — Pis un engagement.

SOPHIE. — C'est normal d'avoir peur au dernier moment, François.

10 FRANÇOIS. — Il faut annuler, Sophie, je te jure. Je m'excuse.

SOPHIE. — Tu t'excuses.

François. — Moi aussi ça me fait de la peine.

SOPHIE. — J'ai pas de peine, je suis en colère! Dis-moi juste la vérité, François. Parce que ton histoire de femme enceinte avec une valise qui débarque, c'est 15 peut-être bon pour tes films, mais moi ça pogne pas.

ROBERT. — Elle te croyait pas?

FRANÇOIS. — Tu ne me crois pas?

SOPHIE. — Non, je te crois pas.

ROBERT. — Je la comprends.

20 FRANÇOIS. — Je te comprends.

SOPHIE. — Tu m'as trompée, c'est ça?

FRANÇOIS. — Mais non!

SOPHIE. — T'as été séduit par une cliente au café et tu sais pas comment le dire?

FRANÇOIS. — Mais non! Cette femme-là m'a pas séduit! Elle m'a envoyé dans 25 la face une image troublante. Ça m'a donné le vertige, parce que moi aussi, un jour, je pourrais me sauver. Moi aussi, je pourrais être terrorisé à l'idée de passer le reste de mes jours avec une femme, je veux dire une seule femme. Et je voudrais jamais te savoir seule, perdue, enceinte, avec une valise, un jour où j'aurais eu peur.

30 ROBERT. — Pis là?

FRANÇOIS. — Pis là, c'est l'orgueil qui a parlé à sa place.

SOPHIE. — Mais tu es grand, François ! Beaucoup trop grand pour moi, vraiment. Alors tu t'occupes d'annuler le mariage, moi je veux plus entendre parler de tout ça. Tu raconteras à tout le monde l'histoire de la femme avec
35 la valise, ça les fera beaucoup rire. Salut.

ROBERT. — Pis c'est tout ?

Sophie essaie de sortir, elle a des problèmes avec la porte du café qu'elle s'acharne à tirer au lieu de pousser.

FRANÇOIS (*à Sophie*). — C'est tout ? (*à Robert*) Comment ça « c'est tout » ?

40 SOPHIE. — Maudite porte !

Elle réussit à sortir.

ROBERT. — Ben t'as pas couru après elle sous la pluie ?

FRANÇOIS. — Pourquoi sous la pluie ?

ROBERT. — Je sais pas, ça fait bien, sous la pluie.

45 FRANÇOIS. — Dans un film, oui. Mais dans la vie on a les souliers trempés pis les orteils baignent dans un jus bizarre.

ROBERT. — C'est ben vrai ça... Bon je suis encore en retard, moi. Je te dois combien ?

FRANÇOIS (*Il lui tend un scénario.*). — Laisse faire, c'est moi qui t'en dois une...
50 mon scénario.

ROBERT. — Ah merci ! Je vais lire ça, là[1].

DES PENSEURS EN TOUS GENRES

L'essai occupe une place comparable à celle des autres genres littéraires, en raison notamment de la multiplicité des directions qu'il emprunte. Non seulement tous les sujets sont abordés, mais les essayistes viennent d'horizons divers.

En revanche, d'où qu'ils viennent, les essayistes se heurtent tous au même obstacle : le milieu québécois « n'accepte pas les essayistes, au fond, ou les accepte très mal[2] ». Peut-être n'est-il pas facile de se faire dire ses quatre vérités... Il faut donc

---

1. Evelyne DE LA CHENELIÈRE. *Théâtre*, Montréal, Fides, 2003, p. 26-27.
2. André BELLEAU. « La passion de l'essai », *Liberté*, n° 169, février 1987, p. 95.

un courage certain pour publier des essais qui critiquent, dénoncent, attaquent, ou proposent des visions ou des solutions que la majorité refuse.

Comme dans les autres domaines, nombre de penseurs d'avant 1976 continuent d'être actifs. C'est le cas de Pierre Vadeboncoeur, avec *Essais inactuels,* de Fernand Dumont, avec *Genèse de la société québécoise,* et de Hélène Pelletier-Baillargeon (1932-), qui écrit *Le pays légitime.* Pensons aussi à Jacques Grand'Maison (1931-), dont l'œuvre comprend des dizaines de livres, dont *Quand le jugement fout le camp,* dans lequel il déplore le retour à la crédulité et la peur de la jeunesse de juger ou de trancher. Sociologue, théologien et prêtre engagé dans son milieu depuis toujours, Jacques Grand'Maison lutte toute sa vie pour les petites gens, les humbles, les ouvriers, tout en devenant professeur émérite à l'Université de Montréal. En ce sens, il représente un cas particulier, puisque, pendant toutes ces années, sans jamais perdre la foi, il mène des combats pour défendre le peuple et promouvoir la justice sociale.

C'est cependant dans le domaine de la politique que les essais sont le plus nombreux. Leur qualité est cependant bien inégale. De gauche ou de droite, indépendantistes ou fédéralistes, ces ouvrages contribuent à animer la démocratie, quoi qu'on en dise, mais il ne faut pas les confondre avec les confidences d'anciens ministres fumant la pipe qui veulent seulement se réhabiliter aux yeux de leurs petits-enfants.

Le véritable essai politique est un livre où l'auteur fait preuve de courage intellectuel dans sa quête de la vérité. Le texte constitue alors le tremplin d'un débat honnête et ouvert. Indépendamment des idées qu'il défendait, on peut citer Laurent-Michel Vacher (1944-2005) comme exemple d'essayiste politique digne de ce nom, ne serait-ce que parce qu'il dérangeait. Un ouvrage comme *Une triste histoire et autres petits écrits politiques* lui aura valu des critiques féroces et de profondes inimitiés.

Hubert Reeves (1932-) écrit des œuvres d'un autre ordre. Astrophysicien vivant depuis longtemps en France, il vulgarise des sujets complexes pour ensuite prendre position.

Mais le type même de l'essayiste pamphlétaire est Jean Larose (1948-). Dans *La petite noirceur* et *L'amour du pauvre,* il s'emporte sur plusieurs sujets, et, en intellectuel sincère, met parfois le doigt sur des aberrations et propose des points de vue intéressants, par exemple sur l'importance d'enseigner la littérature. Mais, s'il est adroit, Larose tombe souvent dans l'exagération, son désir de provoquer tenant alors lieu de pensée. Il soutient par exemple que «la seule manière de réussir l'éducation moderne, ce serait de rendre l'éducation littéraire, de donner à la littérature une position hégémonique dans l'éducation[1]». L'extrait suivant n'est pas sans rappeler le Frère Untel.

---

1. Jean LAROSE. *L'amour du pauvre*, Montréal, Boréal, «Papiers collés», 1991, p. 15.

ŒUVRE

Jean Larose (1948-)

L'amour du pauvre

Aujourd'hui, le projet joualisant est mort, espérons-le,
mais la pédagogie de la communication et le créationnisme en prolongent les effets néfastes dans le domaine
de l'enseignement. Dans les deux cas, même si cela ne
5 se réfère plus au joual, le discours est analogue à celui
qui justifiait le joual : il s'agit toujours d'un refus de la distance entre le sujet
et son langage. Il s'agit toujours, devant un étudiant, non pas de lui apprendre
à maîtriser des formes, mais, dans le cas du nationalisme, à poser sa situation
québécoise, sa parole québécoise, dans celui du créationnisme, son vécu d'étu-
10 diant ou son état de culture quand il arrive à l'école, comme une parole ou un
état de culture aussi valables que d'autres, qui n'ont pas à être vraiment jugés
d'après une échelle de valeurs extérieure à lui et à son milieu.

Dans la logique du nationalisme, tout ce qui n'est pas familier ou situé au plus
près semble étrange, et peut-être dangereux. Et, après réflexion, il faut en venir
15 à cette incroyable hypothèse selon laquelle, dans notre système d'enseignement,
parce qu'il ne ressemble pas exactement à la langue parlée, le français, et surtout le français écrit, a été et est toujours traité comme une langue étrangère.
À entendre les raisons avancées pour justifier les programmes, ne dirait-on
pas que le français est une langue pas tout à fait adéquate à notre identité,
20 une langue un peu artificielle, imposée de l'extérieur, et qui ne s'accorde pas
avec notre sentiment de ce qui est authentique, naturel et vrai ? Pour les programmes du secondaire, la langue québécoise parlée semble plus authentique et plus vraie que la langue française écrite, de la même manière qu'au
collégial la tradition littéraire française semble moins authentique que la lit-
25 térature actuelle d'ici ou même que la « littérature » qui sort de la plume du
prof et de ses élèves. Ne cherchez pas plus loin pourquoi nous arrivons si mal
à assimiler les immigrants : notre propre langue est traitée comme une immi-
grante, que nous n'arrivons pas à assimiler. Nous ne voulons pas apprendre
notre langue, mais qu'elle nous apprenne. On se méfie de la langue française
30 écrite, comme si elle parlait avec l'accent français et représentait une différence menaçante pour notre identité[1].

Bernard Arcand (1945-) et Serge Bouchard (1947-) ont quant à eux contribué
au renouveau de l'essai québécois. Leurs ouvrages sur les lieux communs et les
questions de tous les jours jettent sur la société un regard anthropologique à la
fois incisif et empreint d'un bel humour. Leur méthode consiste à intervenir à tour
de rôle sur des phénomènes allant des plus simples aux plus complexes, souvent
à partir d'un objet familier, par exemple un agenda, pour enchaîner sur une notion
plus vaste telle que le temps.

---

1. *Ibid.*, p. 43-45.

Bernard Arcand (1945-) et Serge Bouchard (1947-)

Gaspillage (par Serge Bouchard)

L'abondance abrite le gaspillage. La fréquentation d'un seul Costco en dit long sur les failles et les fantasmes d'une humanité millénaire. Cette grande surface est une fête, l'entrepôt de nos tentations, l'espace de notre triste paradis. Notre mémoire inconsciente garde le souvenir intemporel de la peur du
5 manque. Le secret de ce grand succès tient à sa vérité profonde. Le magasin est un grenier. Le Costco nous indique que tout va bien merci côté réserve. Nous n'allons manquer de rien. Ce que nous propose le marchand, c'est de reproduire chez nous le microportrait de cette abondance. Voilà pourquoi ces marchés inventent le régime de la démesure. Nous revenons à la maison avec
10 cent livres de confiture, quatre immenses pots de cornichons dont la taille défie nos intentions, de la mayonnaise pour une armée, un demi-bœuf, un demi-veau dans autant de contenants en plastique, des poches de savon, des barils d'olives, une nouvelle chaîne stéréo, des caisses de cannettes, des montagnes de bonbons, une petite télévision, quarante tomates dans une boîte
15 de carton, dix brocolis géants, vingt-cinq gros oignons. Dans le stationnement infiniment grand, les stationnés se perdent jusqu'aux confins de l'horizon. Il y a de moins en moins d'automobiles mais de plus en plus de camions pour transporter ces tas de vivres à la maison. Chaque client est un empereur qui ravitaille son empire afin de préparer quelques intimes batailles. Je suis
20 presque certain que les soldats de Napoléon ne disposaient pas de pareils vivres et qu'un seul Costco de banlieue aurait fait le bonheur de l'Empereur des Français. Avec de telles réserves, il eût pris la Russie.

Ces temples sont nus, sans fioriture et surtout pas d'architecture. Ce sont des entrepôts éclairés comme les arénas construits dans des terrains vagues. Les
25 stationnements sont lisses, sans arbres ni bordures. Tout vise à mettre l'abondance en relief, les produits en lumière. Les grandes surfaces sont des déserts où l'on empile les marchandises en un seul lieu. Cela nous dispose à nous saisir de tout ce que l'on peut, de prendre notre part du trésor accumulé au beau milieu de ce paysage désolé qui s'attaque aussi bien à notre résistance
30 qu'à notre intelligence. S'ensuit une folie, une euphorie. Nous achetons en quantité sans réfléchir à l'arnaque. Notre brioche est de plus en plus grosse et nous allons devoir la manger. Nous devenons de plus en plus gros et il faudra nous satisfaire encore. Spirale des émotions que nous mangeons aussi[1].

Maxime-Olivier Moutier (1971-), dans *Pour une éthique urbaine,* dit vouloir léguer son corps à la littérature. Les quelque vingt-cinq courts textes civilisateurs qui forment ce recueil devraient être lus par tout le monde. Entre « Lettre au gérant du McDo de la rue Mont-Royal » et « Contribution aux nombreuses remarques faites sur l'amour », il nous lance des saillies variées et toujours fort à propos.

---

1. Serge BOUCHARD et Bernard ARCAND. *Du pipi, du gaspillage et sept autres lieux communs,* Montréal, Boréal, « Papiers collés », 2001, p. 202-203.

Dans «Gérald Godin et Pauline Julien», Moutier écrit: «Pourquoi personne ne m'a jamais parlé de Pauline Julien? J'aimerais savoir comment il se fait, moi qui suis pourtant né ici, au Québec, que les paroles que chante cette femme aient existé, dans mon pays, et que personne n'ait jamais ressenti la nécessité de m'en parler. Que s'est-il donc passé pour que jamais un adulte autour de moi n'ait su faire ce travail? Pourquoi ne m'est-il resté que le ski alpin dans les Laurentides, l'Atari 500, les toasts pas de croûte et les épisodes de *Passe-Partout,* mais rien autour de l'idée qu'un jour, tout près de chez moi, dans le cœur des gens d'ici, se trouvait le sentiment d'une "politique québécoise[1]"?»

DE LA LITTÉRATURE JEUNESSE À L'HUMOUR

Si le présent ouvrage ne saurait qu'être incomplet, ce constat s'applique encore plus à notre bref survol de ce qui s'écrit depuis 1976. Des pans complets de notre littérature sont ainsi mis de côté. Voyons rapidement quelques genres littéraires fort populaires, dont les chefs de file se sont taillé une place enviable dans leurs créneaux respectifs.

La littérature jeunesse s'est considérablement diversifiée et a acquis ses lettres de noblesse depuis les années 1980. Des éditeurs, tels que La courte échelle, ont proposé des catalogues imposants qui ont permis à de nouveaux auteurs, comme Sylvie Desrosiers (1954-) et India Desjardins (1976-), ou à des romanciers établis, comme Sylvain Trudel, de publier de nombreuses œuvres destinées aux jeunes.

Créateur du personnage Amos Daragon, Bryan Perro (1968-) est sans contredit l'auteur jeunesse qui connaît le plus grand succès commercial. Traduites en 18 langues, vendues à plus d'un million d'exemplaires seulement au Québec, ses œuvres remplies de créatures fantastiques émerveillent les jeunes lecteurs. «Mon seul désir, c'était que les enfants aient, en lisant mes romans, le même sentiment que j'éprouvais en écoutant *Sol et Gobelet* et *Fanfreluche.* Rien que du plaisir. En même temps, je communiquais ma passion personnelle pour les contes et la mythologie[2].»

Dans le domaine de la science-fiction et du fantastique québécois (communément désignés par le sigle SFFQ), les auteurs et les œuvres se multiplient rapidement. Élisabeth Vonarburg (1947-), Esther Rochon (1948-) et Sylvie Bérard (1965-) se détachent du lot avec des titres comme *Le jeu des coquilles de nautilus, Chroniques infernales* et *Terre des autres.* Porté par des éditeurs et des revues comme *Solaris,* le genre s'épanouit et touche un public toujours plus large.

Récompensée par toutes sortes de distinctions et de prix, *Terre des autres,* de Sylvie Bérard, est un roman très intense s'articulant autour du thème du choc extrême des cultures et comportant tous les ingrédients pour plaire aux amateurs

---

1. Maxime-Olivier MOUTIER. *Pour une éthique urbaine,* Montréal, L'effet pourpre, 2002, p. 113.
2. Jade BÉRUBÉ. «La fin d'Amos Daragon?», *La Presse,* 122e année, n° 350, dimanche 15 octobre 2006, p. Lectures-13.

de science-fiction. Des Terriens se posent en catastrophe sur une planète chaude, Sielxth, où vit une race reptilienne ayant érigé une civilisation complexe. C'est le début de péripéties innombrables.

Le roman policier et la nouvelle gagnent aussi leurs lettres de noblesse. La revue *Alibis* n'est pas étrangère à cette ascension. François Barcelo (1941-), Jean-Jacques Pelletier (1947-), Jacques Bissonnette (1953-) et Chrystine Brouillet (1958-) forment un quatuor infernal. Le premier publie même quatre délicieux romans policiers, dont *L'ennui est une femme à barbe,* dans la mythique collection «Série noire», chez Gallimard. Pour sa part, Bissonnette s'améliore à chacun de ses livres, comme *Gueule d'ange* ou *Badal.* Mélanie Vincelette (1975-) se distingue pour sa part dans la nouvelle.

Quant au monde des humoristes, s'il compte autant de vedettes aujourd'hui, le mérite en revient en partie à ceux et celles qui ont fait œuvre de pionniers dans ce domaine. Clémence DesRochers, Marc Favreau (1929-2005) et, surtout, Yvon Deschamps (1935-) sont de ceux-là. Leurs monologues particuliers, ingénieux et bien écrits ont fait rire aux éclats plus d'une génération.

Dès le tout début, avec des textes comme «Les unions, qu'ossa donne?» et «L'argent», Deschamps invente une sorte d'imbécile heureux qui lui permet de colporter toutes sortes d'énormités sur mille et un thèmes. Le public adore. Ce personnage s'en donne à cœur joie même sur des sujets délicats ou tabous, s'amusant à ne pas toujours être politiquement correct. Mais les messages, sérieux ou légers, passent, qu'ils plaisent ou non.

L'entrée en matière de «La paternité» est typique de la façon de procéder de Deschamps: «J'ai enfin connu les joies de la paternité. C'est écœurant, surtout que j'voulais pas d'enfants! Chus pas capable de voir un bébé en peinture, imaginez-vous un vrai! Eille, c'est pas des farces, quand ma femme à m'a dit qu'était enceinte, j'ai rasé d'la tuer. Pis j'aurais eu raison parce que j'l'avais avertie avant de m'marier. Chus pas un visage à deux faces, moé: chus un homme! Moé, j'y ai dit avant d'me marier: "J'te marie pour toé-même, malgré toute, pis chus pas intéressé à avoir des enfants. J'en veux pas d'famille." À dit: "C'est parfait, c'est correct avec moé." T'sais les filles, y disent n'importe quoi pour s'faire marier. La preuve c'est que trois ans plus tard, nous v'là avec un bébé. Pis à l'savait en maususse que j'en voulais pas d'enfants. J'm'en doutais même pas qu'on était enceintes[1]…»

Sol, le clown triste de Marc Favreau né à Radio-Canada dans les émissions pour enfants, a une approche différente. Ses mots se contorsionnent, il saute du coq à l'âne, et de ces acrobaties verbales naissent maints doubles sens. Cette façon de triturer le langage et les significations rappelle l'humoriste français Raymond Devos, mais la personnalité de ce vagabond intemporel qu'est Sol est unique, surtout lorsque perce la critique sociale.

1. Yvon DESCHAMPS. *Tout Deschamps. Trente ans de monologues et de chansons,* Outremont, Lanctôt, 1998, p. 317.

Un extrait de « L'adversité » rappelle la technique de Favreau : « Moi / pôvre petit moi / j'ai jamais été instructionné / c'est pas ma faute / quand j'étais tout petit / j'ai suivi seulement les cours / de récréation / et après / il paraît que l'école / c'est secondaire alors / ensuite / j'ai pas eu la chance d'aller à l'adversité / c'est elle qui est venue à moi [...] j'aurais pris le droit / le droit d'aller derrière le barreau / pour défendre la veuve et l'ortolan / j'aurais fait des plaidoyens esstradinaires / des plaidoyens à l'emporte-piastre[1]. »

LE CONTE NOUVEAU

Jocelyn Bérubé (1946-), Alain Lamontagne (1952-), Michel Faubert (1959-) et d'autres ayant tenu le fort plusieurs années durant, le conte dit nouveau, ou moderne, connaît une popularité sans précédent depuis le début du XXIᵉ siècle. Autour de la maison d'édition Planète rebelle, associant littérature et littérature de tradition narrative orale, des conteurs tels qu'André Lemelin (1958-) – ce dernier reçoit même dans son salon – et Jean-Marc Massie (1966-) émerveillent les gens venus assister à leurs spectacles.

Tantôt traditionnels, tantôt urbains et modernes, tantôt franchement oniriques, ces contes nouveaux s'inspirent de la riche tradition qui a traversé les siècles ici, tout en incluant beaucoup d'éléments contemporains. Ils sont aussi marqués du sceau de l'intangible, de l'impossible et de l'éphémère, par opposition au matérialisme ambiant. Enfin, à une société prônant jeunisme et vitesse, ils préfèrent le culte du passé et du « vécu », à rebours du rythme actuel, ce qui explique qu'on soit parfois étonné de leur succès.

Maurice Douard (1951-). *Dans ma mémoire* (2004). Technique mixte, 80 × 80 cm. Studio 261, Montréal, Québec.

La grande star du conte nouveau est le sympathique Fred Pellerin (1976-). Originaire de Saint-Élie-de-Caxton, village de la Mauricie qu'il contribue à rendre célèbre, puisqu'il y puise beaucoup de lieux et de personnages, Pellerin propose un univers débridé et époustouflant qui happe l'auditeur. Car, si ses textes sont publiés, contrairement à d'autres conteurs, il estime que l'oral et l'écrit sont deux entités distinctes. Avec un forgeron, un mur de blocs de ciment et un tournoi de dames, Pellerin concocte un univers à la fois fantaisiste et crédible, brodant, avec une vitesse d'élocution parfaite, une toile de fond enchanteresse et dont il restera quelque chose. Souris Garand est l'un de ses curieux personnages.

1. Marc FAVREAU. *Presque tout Sol*, Montréal, Stanké, 1995, p. 19-20.

Fred Pellerin (1976-)

Souris Garand

Pas à pas. Au coin de la rue Principale et du chemin des Loisirs, la maison qui appartenait au père de l'actuel Eugène. Connu sous le sobriquet Souris Garand. Réputé, mais de surnom. Parce qu'il existe quand même une injus-
5 tice minimale pour refuser certaines terminologies sur les baptistères. N'en demeure pas moins que la vie a toujours su deviner le pseudonyme sur mesure pour chacun des habitants du village. Et ce, bien malgré les incongrui- tés prémonitoires officielles. Des dénominatifs colorés, des listes entières. Tous inventés pour mieux se connaître. Pour se reconnaître. Des La-Poche, Trou-d'cul,
10 Frileux, Rockeur, Ti-Zoune, Le-Kif, Le-Pit-à-Jobine, Babine, et celui-ci. Souris. Qui lui avait été attribué par l'usage un peu, mais surtout à cause d'une forme de distorsion dans sa perception qui lui faisait croire qu'il en était une. Enfant, il jouait souvent dans la cave de la vieille maison. Là où, comme ailleurs, on soupçonnait l'existence d'une communauté importante de petites bêtes. À la
15 longue, et par instinct grégaire, on remarqua que le jeune homme développait des manies de mulot. On lui apposa le nom, pour continuer de le convaincre. Puis on dissimula des trappes à ressort autour des bâtiments. À pincer. Puis on l'appâta avec du fromage, et ainsi de suite. Pour sa part, plutôt que de tenter de régler ce problème de personnalité qui le rongeait, il s'enfonça dans
20 la métamorphose. Ça empira jusqu'à ce qu'il développe une peur profonde des chats et n'ose plus sortir de chez lui. Triste.

La femme à consulter, en dernier recours, ce fut la sorcière. Cette marraine soignante du lac aux Sangsues.

— Entre, Souris. Je t'attendais.

25 Au beau milieu de la nuit. Accueilli. Déchaussé. Puis elle l'avait installé dans le divan mou. Elle lui avait servi une tasse. Vide. Pour qu'il pleure dedans. Comme une thérapeute tripante. Pour entreprendre la remise à neuf de M. Garand. Et ça résuma la première rencontre. Le temps de remplir le gobelet de gouttes de peine.

30 Le deuxième rendez-vous fut similaire. À la différence qu'il but la tasse. Et la troisième, et la quatrième. La consultante tenta bien de le faire parler, elle n'arrivait à rien lui tirer d'autre que des larmes amères. À boire lors des visites suivantes.

Après de nombreuses séances tenantes, rien ne s'améliorait. Pour éviter à
35 Souris les pertes de temps, elle lui fit croire qu'il était soigné.

— Je suis guéri ?

— Complètement.

— Je suis plus une souris ?

— Vous n'êtes plus une souris, mais il ne faut pas oublier que les chats ne
40 sont pas au courant !

La tasse demeura à moitié. Vide ou pleine. Et Souris continua d'en être une,
avec le bonheur de croire qu'il était enfin rétabli[1].

L'ÉCRITURE TÉLÉVISUELLE ET CINÉMATOGRAPHIQUE

Depuis quelques années, la popularité de la télévision et du cinéma québécois atteint des sommets. La force des textes qui sous-tendent ces œuvres y est pour beaucoup. Plusieurs auteurs font même systématiquement remodeler ceux-ci par des spécialistes de la réécriture qui se consacrent exclusivement à cette occupation.

À partir des années 1980, à des téléromans qui marchent rondement s'ajoutent des téléséries rejoignant un nombre considérable de téléspectateurs. «La télésérie compte moins d'épisodes. Et surtout, elle coûte plus cher[2]!» rappelle Jean-Pierre Desaulniers. Bien sûr, il ne saurait être question d'énumérer tous les téléromans, même si certains sont devenus des phénomènes de société.

Le soir du 20 mars 1995, par exemple, l'épisode de *La petite vie*, de Claude Meunier (1951-), obtient des cotes d'écoute de 4 098 000 téléspectateurs. L'émission, à l'évidence, rejoint «l'universel de manière incontestable[3]». Or il s'agit d'une émission où, habilement, l'humour absurde chevauche le délire verbal, et rien ne laissait présager un tel succès aux heures de grande écoute, hormis le fait que Claude Meunier et Serge Thériault avaient gagné un public en promenant leur duo Ding et Dong en salles. L'extrait qui suit illustre une scène ordinaire de *La petite vie*, à la télévision de Radio-Canada.

Claude Meunier (1951-)

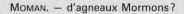

La petite vie

THÉRÈSE. — Ça en fait, c'est des produits à base d'hormones de Mormons d'agneaux, c'est-à-dire de... d'hormones d'agneaux de Mormons, autrement dit de...

MOMAN. — d'agneaux Mormons ?

5 THÉRÈSE. — C'est ça : d'agneaux élevés «aux mormones par les Hormons»... c'est-à-dire aux hormones par les Mormons...

1. Fred PELLERIN. *Comme une odeur de muscles*, Montréal, Planète rebelle, 2005, p. 55-56.
2. Jean-Pierre DESAULNIERS. *De* La famille Plouffe *à* La petite vie, Québec, Musée de la civilisation, 1996, p. 17.
3. Michèle NEVERT. *La petite vie ou les entrailles d'un peuple*, Montréal, XYZ, «Documents», 2000, p. 13.

POPA. — Mais les hormones elles? sont-tu Mormones?

THÉRÈSE. — Non, sont... sont d'agneaux mais élevées à... à la Mormonne... c'est ça?

10 RÉJEAN. — [...] les hormones sont Mormonnées.

[...]

POGO. — [...] L'Hormone est mormon, hein, mon homme!

POPA. — C'est ça, mormon... euh... Mon homme. [...] Et tous les produits sont à base d'hormones de morons ou de motons...

MOMAN. — Moutons![1]

Finalement, il y a des cas uniques. Fabienne Larouche (1958-), avec *Virginie*, exploite le concept de téléroman quotidien jusqu'à battre le record mondial du nombre d'épisodes pour une seule émission. Dans *Les Bougon*, diffusés jusqu'en 2006, François Avard (1968-) glisse maintes réflexions provocantes. « Si l'école obligatoire avait changé quelque chose, on l'aurait su. Là on a des pauvres qui savent lire. C'est la seule chose qui a changé en quarante ans », lance le père. Son fils, qui vole une voiture au casino, déclare: « Les casinos font semblant de rien voir sur les suicides, donc imagine les vols d'auto. On a la grande paix. »

Au cinéma, Denys Arcand (1941-) s'illustre par la qualité et la diversité de son œuvre. Il excelle autant dans le documentaire que dans la fiction. Historien de formation, il écrit et réalise des films s'inscrivant toujours dans une perspective historique. Déjà, ses scénarios d'*Entre la mer et l'eau douce* et de *Réjeanne Padovani* étonnent par leur efficacité, mais *Le confort et l'indifférence*, lié à la fois à la défaite du référendum de 1980 et à la chute des Médicis, est d'une mouture supérieure.

Presque hanté par le thème de la décadence, Arcand tourne ensuite *Le déclin de l'empire américain*, en 1986, salué chaleureusement par la critique et le public. Reposant sur une équipe de comédiens solides, le film sort des sentiers battus. Il met en scène des intellectuels qui reflètent les valeurs de cette première génération de Québécois instruits qui sont parvenus à décrocher des postes de professeurs à l'université.

Jésus de Montréal, en 1989, et *Les invasions barbares,* en 2003, valent à Arcand plusieurs prix dont celui du Jury, à Cannes, ainsi qu'un Oscar, à Hollywood. On y retrouve le même regard critique et cynique sur le Québec que dans *Le déclin,* dont *Les invasions barbares* est d'ailleurs la suite. Cependant, Arcand ne fait pas l'unanimité. Pour *Les invasions barbares,* d'aucuns lui reprochent d'avoir fait un film sur la mort en ne la prenant pas au sérieux ou encore d'être tombé dans le nihilisme et le sentimentalisme.

---

1. *Ibid.*, p. 148.

Jean Beaudin (1939-), Pierre Falardeau (1946-), Marc-André Forcier (1947-), Charles Binamé (1949-), Léa Pool (1950-), Jean-Claude Lauzon (1953-1997), Éric Canuel (1964-), Philippe Falardeau (1968-), Ken Scott (1970-), Francis Leclerc (1971-) et Ricardo Trogi (1971-) font partie de ceux qui écrivent ensuite les scénarios les plus probants. On retiendra aussi Robert Lepage , avec *Le confessionnal* ou *Nô*, un retour sur la crise d'Octobre 1970 dont on peut lire ici la scène finale, au soir du référendum de 1980.

Robert Lepage (1957-)

ŒUVRE

Nô

BERNARD DEROME (*hors champ*). — Bien. Donc, la grande manchette, bien sûr, aujourd'hui au Québec, de même qu'à travers le pays... La grande manchette, c'est cette victoire éclatante du comité des Québécois pour le
5 non, au référendum.

SOPHIE (*hors champ*). — C'est vraiment déprimant.

[...]

MICHEL. — En tous cas... C'est ça que je pensais un peu. Ça confirme ma théorie, non?

SOPHIE. — Laquelle?

10 MICHEL. — Ben... Le fait que... que les gens qui ont un projet collectif sont toujours un peu désavantagés par rapport aux gens qui ont pas de projet. Dans le sens où les gens qui ont pas de projet ont toujours la force d'inertie avec eux. L'idée, c'est que ça prend toujours plus d'énergie pour changer les formes politiques, les formes sociales, que... que rien faire.

15 SOPHIE. — Ouin. Mais en même temps, ceux qui ont voté non, y'ont un projet collectif. Ils croient au Canada.

MICHEL. — C'est un peu immobile comme projet, non? Je pense qu'y a personne qui peut vraiment s'imaginer que les choses sont réglées.

SOPHIE. — Ouin...

20 MICHEL. — On dirait une sorte de couple qui essaie désespérément de se trouver une raison commune ou un projet commun, mais c'est stérile, quoi... Y'a pas d'identité commune qui est vraiment... Je ne sais pas.

SOPHIE. — Ben là... Un couple? Notre couple ou un couple, comme ça?

MICHEL. — Ben, c'est vrai qu'on n'a jamais eu de projet commun.

25 SOPHIE. — Là, t'exagères. Je veux dire... On vit ensemble, on partage notre vie.

MICHEL. — Je sais pas... C'est pas un projet commun, de partager un appartement. D'accord, on partage une certaine intimité. On partage des valeurs, d'accord. Mais je veux dire, on n'a pas vraiment de projet d'avenir... Je veux pas dire que c'est complètement stérile... Je veux dire... Ça peut être très
30 agréable aussi. C'est une vie possible.

SOPHIE. — Ouin, ouin...

MICHEL. — Mais je veux dire, y'a pas de postérité à ça.

[...]

SOPHIE. — Tu veux parler d'un enfant, c'est ça? C'est ça, que tu dis?

[...]

MICHEL. — Oui, oui. Comme le fait d'avoir des enfants. Ça, c'est un projet
35 commun.

SOPHIE. — T'es bizarre, toi!

MICHEL. — Quoi?

SOPHIE. — Non, laisse faire...

MICHEL. — Ben non, quoi?

40 SOPHIE. — Non, non, laisse faire.

MICHEL. — Ben non, mais exprime-toi. Qu'est-ce qu'y a?

SOPHIE. — Non, mais y'a pas de projet commun? Disons qu'y a dix ans, là...

MICHEL. — Continue...

SOPHIE. — Non, ce que je veux dire, c'est qu'y a dix ans, au début de notre
45 relation...

MICHEL. — Oui?

SOPHIE. — Si j'étais arrivée...

MICHEL. — Oui?

SOPHIE. — Pis je t'avais dit que j'attendais un enfant... Qu'est-ce que t'aurais
50 dit?

MICHEL. — Non, O.K., d'accord. Mais y'a dix ans, c'était pas la même chose. Y'a dix ans, on était occupé à changer le monde. On était... On avait pas de carrière, on avait pas de moyens... Je veux dire, c'était pas... Même techniquement, c'était compliqué. Mais je veux dire, les choses ont changé. Je sais
55 pas... Toi, t'as une carrière, j'ai une carrière. On a des moyens, non?... Les temps ont changé. Qu'est-ce que t'en penses?

SOPHIE. — Ouin...

Michel. — Ouin? Oui ou non? Ou ben... ouin?

Sophie. — Ouin...

60 Michel. — Je veux dire... Ouin, c'est comme un oui à 40,5 %, c'est ça? Ou un oui à 49 %?

Sophie. — Je sais pas... Un oui à... 50 %.

Michel. — Ah, O.K. ! Pis on pourrait-tu anticiper un oui à 50,5 %? Juste pour passer le cap de la majorité simple?

65 Sophie. — Peut-être...

Michel. — Y'a-tu une façon qu'on pourrait prendre, pour faire monter le suffrage un peu?

Sophie. — Tu pourrais essayer de me convaincre?

Michel. — O.K... Comme partir en campagne, par 70 exemple?

Posant sa coupe de vin, Michel se rapproche de Sophie et l'embrasse.

Sophie. — Ouin... As-tu mieux que ça?

Pendant qu'à la télévision, quelques fédéralistes victorieux
75 *entonnent l'hymne national canadien, Michel attrape la télécommande et coupe le contact. Puis, s'abandonnant l'un à l'autre, les deux amants s'embrassent avec une ardeur présageant d'un avenir fécond[1].*

Hélène Béliveau (1944-). *L'attente* (2005). Galerie Perreault, Québec, Québec.

---

1. Robert LEPAGE et André MORENCY. *Nô*, Laval, Les 400 coups, 1998, p. 86-90.

DOCUMENTAIRE

À propos de la postérité

Quels sont nos écrivains actuels qui resplendiront à plus long terme et passeront à la postérité ? La question impose une prudence certaine. C'est ce que rappelle un article[1] de l'historienne Micheline Dumont, dans lequel on fait référence à une enquête menée en 1962 auprès de personnalités québécoises, dont Claire Martin (1914-), auteure des excellents romans autobiographiques *Dans un gant de fer* et *La joue droite*. À la question « Quels sont les écrivains qui vous ont le plus influencé ? », les réponses de ces personnalités font notamment ressortir Blaise Pascal, Paul Claudel, Georges Bernanos, Teilhard de Chardin, Jacques Maritain et Charles Maurras, autant d'écrivains français qui, 50 ans plus tard, sont délaissés, voire oubliés, peut-être, il est vrai, pour avoir trop embrassé la religion.

SYNTHÈSE Qui fait quoi ?

Les courants littéraires	Les œuvres et les auteurs
Le postmodernisme La remise en cause des modèles dominants qui ont mené à l'impasse, portée par le cynisme, l'individualisme, l'hédonisme, l'actualisme et le relativisme.	Denys Arcand, Jacques Poulin, Francine Noël, Francine D'Amour, Louis Hamelin, Christian Mistral, Sylvain Trudel, Jean-Pierre Ronfard, Robert Lepage et Richard Desjardins.
Les écritures migrantes L'écriture reflétant la nouvelle multi-ethnicité du Québec et mettant de l'avant des thèmes comme l'étranger, le pays, le monde, l'être humain, les racines et le langage.	Naïm Kattan, Alice Parizeau, Dany Laferrière, Régine Robin, Émile Ollivier, Sergio Kokis, Marco Micone, Ying Chen et Gil Courtemanche.
L'autobiographie La recherche du véritable soi-même par rapport au monde extérieur par le biais du moi intime, du quotidien, des raisons de vivre et de l'appartenance.	Claire Martin, Marie Uguay, Nelly Arcan et Maxime-Olivier Moutier.

---

1. Micheline DUMONT. « La métamorphose : la culture il y a 45 ans », *Le Devoir,* mardi 23 janvier 2007, vol. XCVIII, n° 12, p. A-7.

Bibliographie

ASSELIN, Olivar. *L'œuvre de l'abbé Groulx,* Montréal, Bibliothèque de L'Action française, 1923, 96 p.

ASSINIWI, Bernard. *Histoire des Indiens du Haut et du Bas-Canada,* Montréal, Leméac, « Collection Ni-T'Chawama mon ami mon frère », 1973, 3 tomes.

AUCLAIR, Élie-J. *Le curé Labelle. Sa vie et son œuvre,* Montréal, Beauchemin, 1930, 271 p.

BAILLARGEON, Samuel. *Littérature canadienne-française,* Montréal, Fides, 1961, 525 p.

BARBE, Jean. *Autour de Dédé Fortin,* Montréal, Leméac, 2001, 113 p.

BEAUDOIN, Réjean. *Le roman québécois,* Montréal, Boréal, « Boréal express », 1991, 125 p.

BEAULIEU, Victor-Lévy. *Docteur Ferron,* Montréal, Stanké, 1991, 417 p.

BEAULIEU, Victor-Lévy. *Manuel de la petite littérature du Québec,* Montréal, L'aurore, 1974, 268 p.

BÉRAUD, Jean. *350 ans de théâtre au Canada français,* Montréal, CLF, 1958, 316 p.

BÉRIMONT, Luc. *Félix Leclerc,* Paris, Seghers, « Poètes d'aujourd'hui », 1964, 191 p.

BERNIER, Silvie. *Les héritiers d'Ulysse,* Montréal, Lanctôt, 2002, 241 p.

BESSETTE, Gérard, Lucien GESLIN et Charles PARENT. *Histoire de la littérature canadienne-française,* Montréal, CEC, 1968, 704 p.

BOURASSA, André-G., et Gilles LAPOINTE. *Refus global et ses environs,* Montréal, L'Hexagone, 1988, 184 p.

BRAULT, Jacques. *Alain Grandbois,* Ottawa, Fides, « Classiques canadiens », 1967, 96 p.

CAUMARTIN, Anne, et Martine-Emmanuelle LAPOINTE. *Parcours de l'essai québécois,* Montréal, Nota bene, « Essais critiques », 2004, 220 p.

CHARTIER, Daniel. *Dictionnaire des écrivains émigrés au Québec : 1800-1999,* Montréal, Nota bene, 2003, 367 p.

COLLECTIF CLIO. *L'histoire des femmes au Québec depuis quatre siècles,* Montréal, Les quinze, 1983, 521 p.

COURNOYER, Jean. *La mémoire du Québec. De 1534 à nos jours. Répertoire de noms propres,* Montréal, Stanké, 2001, 1 861 p.

COUTURE, Carole. *Richard Desjardins. La parole est mine d'or,* Montréal, Triptyque, 1998, 195 p.

DAVID, Laurent-Olivier. *Tribuns et avocats,* Montréal, Beauchemin, « Bibliothèque canadienne », 1926, 92 p.

DE BILLY, Hélène. *Riopelle,* Montréal, Art global, « Biographies », 1996, 354 p.

DESAULNIERS, Jean-Pierre. *De* La famille Plouffe *à* La petite vie, Québec, Musée de la civilisation, 1996, 119 p.

DUMONT, Micheline. « La métamorphose : la culture il y a 45 ans », *Le Devoir,* mardi 23 janvier 2007, vol. XCVIII, n° 12, p. A-7.

DUMONT, Micheline, et Louise TOUPIN. *La pensée féministe au Québec. Anthologie (1900-1985),* Montréal, Les éditions du remue-ménage, 2003, 750 p.

FRÉGAULT, Guy, et Marcel TRUDEL. *Histoire du Canada par les textes,* Ottawa, Fides, 1963, 4 tomes.

FRENETTE, Yves. *Brève histoire des Canadiens français,* Montréal, Boréal, 1998, 209 p.

GAGNON, François-Marc. *Chronique du mouvement automatiste québécois,* Montréal, Lanctôt, 1998, 1 023 p.

GARNEAU, François-Xavier. *Histoire du Canada depuis sa découverte jusqu'à nos jours,* Montréal, Beauchemin & Fils, 1883, 4 tomes.

GASQUY-RESH, Yannick. *Gaston Miron : le forcené magnifique,* Montréal, HMH, « América », 2005, 144 p.

GAUVIN, Lise. « Une littérature de l'intranquillité », *Le Devoir,* mercredi 26 avril 2006, vol. XXVII, n° 91, p. A-7.

GODBOUT, Jacques. *Plamondon. Un cœur de rockeur,* Montréal, L'Homme, « Paroles d'ici », 1988, 460 p.

GRANDPRÉ, Pierre de. *Histoire de la littérature française au Québec,* Montréal, Beauchemin, 1967, 4 tomes.

GUÉRIN, Marc-Aimé, et Réginald HAMEL. *Dictionnaire Guérin des poètes d'ici,* Montréal, Guérin, 2005, 1 359 p.

HAMEL, Réginald. *Gaëtane de Montreuil,* Montréal, L'aurore, « Littérature », 1976, 205 p.

HAMEL, Réginald, John HARE et Paul WYCZYNSKI. *Dictionnaire des auteurs de langue française en Amérique du Nord,* Montréal, Fides, 1989, 1 364 p.

LACOURSIÈRE, Jacques, Jean PROVENCHER et Denis VAUGEOIS. *Canada-Québec,* Sillery, Septentrion, 2000, 591 p.

LAFERRIÈRE, Dany. *J'écris comme je vis. Entretien avec Bernard Magnier,* Montréal, Lanctôt, 2000, 247 p.

LÉGER, Robert. *La chanson québécoise en question,* Montréal, Québec Amérique, 2003, 141 p.

LESAGE, Marc, et Francine TARDIF. *30 ans de Révolution tranquille,* Montréal, Bellarmin, 1989, 223 p.

MAILHOT, Laurent. *La littérature québécoise,* Paris, PUF, « Que sais-je ? », 1974, 127 p.

MAILHOT, Laurent. *L'essai québécois depuis 1845,* Montréal, HMH, « Littérature », 2005, 357 p.

MAILHOT, Laurent, et Pierre NEPVEU. *La poésie québécoise,* Montréal, Typo, 1996, 642 p.

MARCOTTE, Gilles. *Anthologie de la littérature québécoise,* Montréal, La Presse, 1978, 4 tomes.

MARTINEAU, Jacques. *Les 100 romans québécois qu'il faut lire,* Québec, Nuit blanche, 1994, 151 p.

NEVERT, Michèle. *La petite vie ou les entrailles d'un peuple,* Montréal, XYZ, « Documents », 2000, 199 p.

OUELLETTE, Annik-Corona, et Alain VÉZINA. *Contes et légendes du Québec,* Montréal, Beauchemin, « Parcours d'une œuvre », 2006, 333 p.

PANTCHENKO, Daniel. *Charles Aznavour ou le destin apprivoisé,* Paris, Fayard/Chorus, 2006, 606 p.

PARISEAU, Monique. *La fiancée du vent. L'histoire de la Corrivaux née en Nouvelle-France et pendue sous le Régime anglais,* Montréal, Libre Expression, 2003, 395 p.

PRUD'HOMME, Nathalie. *La problématique identité collective et les littératures (im)migrantes au Québec,* Montréal, Nota bene, « Études », 2002, 173 p.

RIOUX, Jean-de-la-Croix. *Gabriel Sagard, Théodat,* Ottawa, Fides, « Classiques canadiens », 1964, 95 p.

ROY, Bruno. *Et cette Amérique chante en québécois,* Montréal, Leméac, 1978, 295 p.

ROY, Camille. *Manuel d'histoire de la littérature canadienne de langue française,* Montréal, Beauchemin, 1940, 191 p.

RUTCHÉ, Joseph, et Anastase FORGET. *Précis d'histoire du Canada,* Montréal, 1932, 314 p.

SABBAH, Hélène. *Littérature. Textes et méthode (Édition 1997),* LaSalle, Hurtubise HMH, 1997, 416 p.

SIMARD, François-Xavier, et André LA ROSE. *Jean Despréz (1906-1965). Une femme de tête, de courage et de cœur,* Ottawa, Vermillon, « Visages », 2001, 447 p.

SŒURS DE SAINTE-ANNE. *Précis d'histoire des littératures française, canadienne-française, étrangères et anciennes,* Lachine, Procure des Missions des Sœurs de Sainte-Anne, 1933, 544 p.

WYCZYNSKI, Paul. *François-Xavier Garneau. Aspects littéraires de son œuvre,* Ottawa, Éditions de l'Université d'Ottawa, «Visage des lettres canadiennes», 1966, 199 p.

Sources des illustrations

Chapitre 4

Page 63: © Succession Paul-Émile Borduas/SODRAC (2007)/Photo: Jean-Guy Kérouac. *Page 66*: Montreal Gazette/Bibliothèque et Archives Canada/C-005479. *Page 67*: © Succession Adrien Hébert/Bruno Hébert/Photo: Patrick Altman. *Page 68*: Photo: Annette et Basil Zarov. © CSU Archives/Everett Collection/CPimages.ca. *Page 70*: Pierre McCann/ La Presse. *Page 71*: © Succession Jean Paul Riopelle et Claude Gauvreau/SODRAC (2007)/Bibliothèque et Archives nationales du Québec. *Page 72*: Jean-Yves Létourneau/ La Presse. *Page 73*: © Succession Marcelle Ferron/SODRAC (2007)/Photo: Richard-Max Tremblay. *Page 74*: Succession Jean-Paul Mousseau/SODRAC (2007)/Photo: Teresa Healy, Vancouver Art Gallery. *Page 76*: La Presse/CPimages.ca. *Page 77*: © Succession Jean Dallaire/SODRAC (2007)/Photo: Centre de documentation Yves Boulerice. *Page 78*: Photo: Gabor Szilasi/Bibliothèque et Archives nationales du Québec, Direction du Centre de Montréal, Fonds Office du Film du Québec, E6,S7,SS1,D652355. *Page 79*: Bibliothèque et Archives Canada/e000001166. *Page 80*: © Succession d'André Le Coz/Bibliothèque et Archives Canada/PA-199456. *Page 82*: © Succession John Lyman/ Photo: Patrick Altman.

Chapitre 5

Page 83: Succession Alfred Pellan/SODRAC (2007)/Don de Thomas Laferrière/Photo: Ginette Clément. *Page 86*: John Taylor/ Ponopresse. *Page 88*: Jean-Yves Létourneau/ La Presse. *Page 89*: Page couverture de *Les Insolences du Frère Untel*, Jean-Paul Desbiens, Éditions de l'homme 1960. *Page 91*: Réal St-Jean/La Presse. *Page 92*: Bibliothèque et Archives nationales du Québec, Centre d'archives de Québec, E10,D77-780,P10. *Page 96*: La Presse/CPimages.ca. *Page 97*: P. Roussel/Publiphoto. *Page 99*: Théâtre du Nouveau Monde. *Page 100*: D. Auclair/ Publiphoto. *Page 102*: Normand Jolicoeur, Journal de Montréal/CPimages.ca. *Page 103*: Photo: Guy Dubois. *Page 105*: © SODART 2007/Photo: Jean-Guy Kérouac. *Page 106: (en haut)* CPimages.ca; *(en bas)* Ville de Shawinigan. Reproduction autorisée par la succession Mario Mauro. *Page 108*: Gilles Lafrance/CPimages.ca. *Page 109*: René Picard/ La Presse. *Page 111*: Photo: Daniel Kieffer/Archives de la Cinémathèque québécoise/© SODART 2007. *Page 112: (en haut)* Photo: Daniel Kieffer (détail)/Archives de la Cinémathèque québécoise/ © SODART 2007; *(en bas)* © SODART 2007/Photo: Patrick Altman. *Page 113*: Photo: Daniel Kieffer (détail)/Archives de la Cinémathèque québécoise/© SODART 2007. *Page 114: (en haut)* Armand Trottier/La Presse; *(en bas)* Jean-Yves Létourneau/La Presse.

Chapitre 6

Page 117: Gracieuseté de la Galerie Valentin. *Page 122*: Mathieu Gibeault/Cpimages.ca. *Page 124*: Concept: Marie Décary. *Page 126*: La Tribune/Cpimages.ca. *Page 128*: Marie-Reine Mattera. *Page 131*: P. Roussel/Publiphoto. *Page 132*: Gracieuseté de la Galerie Valentin. *Page 135: (en haut)* P. Roussel/Publiphoto; *(en bas)* Gracieuseté du Studio 261. *Page 137*: Serge Lapointe, Le Journal de Québec/CPimages.ca. *Page 139*: Gracieuseté de la Galerie Simon Blais. *Page 140*: Photo tirée du film *Marie Uguay* ©1982 Office national du film du Canada. *Page 143*: Jean-Yves Létourneau/La Presse. *Page 145*: Gracieuseté du Studio 261. *Page 146*: Gracieuseté de la Galerie Michel-Ange. *Page 147*: Izabel Zimmer. *Page 150*: © Martine Doyon. *Page 154*: Gracieuseté du Studio 261. *Page 155*: P. Roussel/Publiphoto. *Page 156*: Robert Mailloux/La Presse. *Page 158*: Jean-Marie Villeneuve, Le Soleil/ CPimages.ca.

Quatrième de couverture

François Guénette.

Index des notions littéraires

Index des auteurs

Les folios en caractères gras renvoient à un extrait d'une œuvre de l'auteur.

Index des œuvres

Les folios en caractères gras renvoient à un extrait de l'œuvre.